なぜいま家族のストーリーが求められるのか

「公私混同」の時代

橋本嘉代

なぜいま家族のストーリーが求められるのか

「公私混同」の時代

目次

4 家族をめぐる政治・経済的な思惑とメディアの関与

5 〈公〉〈私〉の揺らぎと家族の変容

「公私混同の時代」とは？

「私ごとですが……」。そんな前置きを添えて、結婚、妊娠、出産という私的なライフイベントが公の場で「ご報告」される。著名人が父として、母として、家族との日常や家族への思いを語る。このような話題がトップニュースやトレンドワードとして各種メディアを賑わせる場面が増えてきた。政治家や芸能人が結婚を報告するツーショット会見の映像は、テレビの生中継やネット上の動画で繰り返し視聴され、祝福の「いいね」やコメントが殺到する。親バカを公言し、家庭内の写真をリアルタイムで公開する著名人に多くのフォロワーがつき、家族を見守っている（アンチファンも一定数いるようだが）。

このような現象が頻繁に見られるようになったのは、ごく最近のことだ。１９９０年代頃までは、家庭の事情を仕事に持ち込んだり公の場で家族を語ることは慎むべきという規範が強く、のちに推奨される子連れ出勤も、激しい批判にさらされていた。しかし、結婚や子どもの誕生など、家族形成に関する「私ごと」が公に語られ、社会的な関心を集めるようになった。現代は、「私ごと」と「オフィシャルなこと」の境界線が曖昧化した「公私混同の時代」となりつつある。分断されてきたふたつの領域を自らの生活のなかで統合・再編し充実させ、「仕事も家庭も」という生き方を実現することが、現代人にとっての課題といえる。

映画・ドラマの題材としての家族

10～11ページに、家族をテーマとする映画やドラマの事例を挙げたが、ステップファミリーや血縁がない親子、同性愛者の事実婚、契約結婚といった非典型家族を描く映画やドラマが2010年代に続々と出てきている。主に大家族や核家族が登場したかつてのホームドラマとは異なり、家族の多様化が進む時代を反映し、家族ではなかった集団が「家族になる」というプロセスを描くなど「家族とは何か」をさまざまな形で問い直す作品が目立つ。

カンヌ国際映画祭の最高賞（パルム・ドール）には、2年連続で家庭を舞台とし、ネグレクトや貧困、経済格差といった社会問題を描く作品（『万引き家族』『パラサイト 半地下の家族』）が選ばれた。『パラサイト』は、外国語映画で初のアカデミー賞の作品賞も受賞し、話題を集めた。また、近年のディズニー・プリンセス映画は、ヒロインと王子という男女の恋愛でなく、姉妹愛や母娘（的な関係の他人）など「家族」が中心的かつ重要なテーマだ。

日本のテレビドラマでは、恋愛ドラマの視聴率が低下した一方で、朝の連続テレビ小説（朝ドラ）の視聴率は高い。ヒロインが親や祖父母の愛を受ける子ども時代を経て、新しい家族を形成し、夫婦関係に悩んだりしながら親として子育てに奮闘し、やがて老いた親を見送る。そんな家族のストーリーは、さまざまな層から共感を得やすいようだ。

家族は社会問題解決の特効薬か？

映画『万引き家族』には「家族じゃないほうがいい時もある。変な期待とかしないし」という台詞がある。「家族ってこうでなければ」という思い込みや期待が強いと、過度な責任感や重圧、理想像との乖離に対する失望も生まれる。家族に生じた問題を家族内で解決しなければ、と抱え込んで助けを求めなかったり、恥ずべきことと考え、隠して孤立する事態も起こり得る。引きこもり状態が長期化した中高年とその親の高齢化を表す「８０５０問題」やワンオペ育児などは、家族のことは家庭内で解決すべきという規範や自己責任論で、家族が追い込まれている状況だ。

少子化で「産めよ増やせよ」の圧力が高まっているが、日本の社会保障は高齢者優遇で、子育て支援は薄い。ＧＤＰ（国内総生産）に占める家族関係の支出（児童手当、児童扶養手当、施設等給付、育児・介護休業給付等）は欧州諸国に比べ低水準である。国家家族主義と呼ぶべきイデオロギーの存在が指摘され[1]、家族のケアに関しては「家庭内でなんとかしてね」と自助努力を求めている国なのだ。最近は警察庁が「家族の絆でＳＴＯＰ！オレオレ詐欺」を標語にしている。この国は「家族の絆」を万病に効く薬と思っていないか？

昨今、家族の望ましいあり方が語られる機会が多いが、その背景に何があるのだろうか。家族像がイメージとして表象され社会で流通し共有される際に関与する「メディア」を中心に、政治・経済的な背景も視野に入れながら、この問いに迫ってみたい。

家族を描く&家族がわかるドラマ&映画30

2010–2019

01
ゲゲゲの女房
見合い結婚し、貧乏生活を経て人気漫画家となる夫を支えた女性が主人公。当時低迷していた朝ドラ復活の契機になった。
ドラマ 2010

02
フリーター、家を買う。
夢・貯金・甲斐性のいずれも持たないが心優しい若者が、うつ病になった母を守ると決意し奮起する。家族は再生できるのか？
ドラマ 2010

03
マルモのおきて
独身男が幼い双子を引き取ることに。3人と1匹が共同生活のルールをひとつずつ決め、家族的な絆を深めていく姿を描く。
ドラマ 2011

04
家政婦のミタ
父の浮気で母が自殺した崩壊寸前の家庭に家政婦が派遣される。感情表現をせず空気も読まない彼女が家族の心を動かしていく。
ドラマ 2011

05
名前をなくした女神
個人名でなく「○○ちゃんママ」と呼びマウンティングをし合う子どもを介した陰湿な人間関係を「ママ友地獄」と表現し話題に。
ドラマ 2011

06
ドン★キホーテ
極道の親分と気が弱い児童相談所の職員の魂が入れ替わり、2人で児童虐待や不登校などに悩む子どもを救う社会派コメディ。
ドラマ 2011

07
ステップファザー・ステップ
泥棒が渋々、小学生の双子のステップファザー（継父）となる。実の父子のような愛着が生まれていくが、契約終了が迫り……。
ドラマ 2012

08
とんび
頑固で不器用ながら愛情深く息子を育てたシングルファザーの30年間の物語。父は老い、子は親となり、家族の物語は続く。
ドラマ 2013

09
家族ゲーム
円満を装う仮面夫婦、優等生を演じる長男、引きこもる次男。謎の家庭教師が家族の欺瞞を暴き崩壊させるが、彼の狙いとは？
ドラマ 2013

10
そして父になる
血のつながりか、愛情でつながる情緒的な関係か。子どもの取り違え事件を題材に何が「家族」を規定するのかを問い直す作品。
映画 2013

11
アナと雪の女王
ディズニー映画が男女の愛でなくプリンセスの姉妹愛を主題にし、ヒットした。スピンオフの副題（邦題）は「家族の思い出」。
映画 2013

12
東京家族
「男はつらいよ」の山田洋次監督が小津安二郎監督の「東京物語」を60年ぶりにリメイク。続編は「家族はつらいよ」シリーズ。
映画 2013

13
箱入り息子の恋
彼女いない歴35年の公務員を心配し代理お見合いに参加したり相手に難癖をつけるなど、親の婚活参戦が非婚時代を象徴。
映画 2013

14
マレフィセント
王に裏切られた魔女を王女が慕い、母娘的な関係になる。アナ雪に続き王子の真実の愛がプリンセスを救うという路線から脱却。
映画 2014

15
アイムホーム
ドラマ 2015
事故で直近5年間の記憶を失い、家族を忘れた男が主人公。木村拓哉が42歳でホームドラマの父親役に初挑戦し話題となった。

16
海街diary
映画 2015
父の葬儀で三姉妹が異母妹と会い共に暮らすことに。家庭を壊した親への怒りや葛藤に苦しみながら4人は家族になっていく。

17
湯を沸かすほどの熱い愛
映画 2016
余命わずかな母親が死ぬまでにやること(娘のいじめ克服、家業の再建等)を決め、実行。去り行く彼女の愛が家族に力を与える。

18
逃げるは恥だが役に立つ
ドラマ 2016
契約結婚中の非モテ男と家政婦が恋愛関係になる。法律婚で何が変わるのか、など結婚制度の意味を問うエピソードが満載。

19
家族ノカタチ
ドラマ 2016
ひとりを好むこだわり男子の部屋に父親が居候し、騒動を連発。人と深く関わる喜びを息子に教えるための荒療治は効くのか？

20
おっさんずラブ
ドラマ 2017
同性愛者の恋愛群像劇。「孫の顔を見たい」という恋人の親の言葉で身を引く決意をするなど、マイノリティの苦悩も描かれる。

21
過保護のカホコ
ドラマ 2017
親が過保護で何もできない主人公が自立を目指したら隠れた才能が開花。家族の問題解決や将来の夢、結婚を実現していく。

22
万引き家族
映画 2018
ずっと一緒にいることは許されなかった疑似家族が過ごした数年間の記録。「家族とは」「子どもの幸せとは」と考えさせられる。

23
義母と娘のブルース
ドラマ 2018
仕事に邁進する天涯孤独のバリキャリ女性が余命わずかな子持ち男性に娘を託され結婚。義母と娘の10年間を笑いと涙で描く。

24
隣の家族は青く見える
ドラマ 2018
住民が家庭の事情を要望に盛り込むコーポラティブハウスを舞台に、現代の多様な家族像の一端を示す4組のカップルが登場。

25
きのう何食べた？
ドラマ 2019
弁護士と美容師のゲイカップルの日常を、食に重点を置いて描く。両親への挨拶など、家族になろうとする場面にも注目。

26
俺の話は長い
ドラマ 2019
働かず実家に寄生し、屁理屈ばかりこねて行動しないアラサー男が家族や友人の応援で重い腰を上げる日は来るのか？

27
ひとよ
映画 2019
子のために夫を殺し服役した母が15年ぶりに帰ってくる。犯罪者の子という人生を歩ませた母を兄妹は許せるのか。

28
最初の晩餐
映画 2019
父親が亡くなり、通夜で久々に家族が集合。両親の再婚で家族になった日からの記憶が料理と共に蘇り、秘密も明らかになる。

29
パラサイト 半地下の家族
映画 2019
韓国の貧しい一家が身分を偽り富裕層の家庭に入りこんで起こすドタバタ劇。映画賞を総なめにし、大ヒットを記録。

30
家族を想うとき
映画 2019
家族のために過酷な条件で働くが家計は苦しく、両親不在の寂しさで子どもは荒れ……。新自由主義時代の労働者の苦境を描く。

1 「私ごと」が国民的関心事に？

「公私混同」の意味が変わった

子連れ出勤が巻き起こしたアグネス論争

1987年、歌手でタレントのアグネス・チャンがテレビ番組の収録の際に赤ちゃんを同伴したが、これを女性の歌手やコラムニスト、作家らが痛烈に批判した。本人からの反論にも「いいかげんにして」と更なるバッシングが行われ、アグネスを擁護する者も現れて「代理戦争」の様相を呈すようになり、さまざまなメディアで子連れ出勤に関する賛否両論の議論が続いた。

子連れ出勤を批判した側の意見は「働く人間としての自負心が欠けている」（林真理子）、「テレビ局は大人の仕事場で、子どもを連れてくるのは間違っている」（中野翠）などであった。多くのレギュラー番組を持ち、産後の早期復帰を求められていたアグネスが「職場に託児所があればいい」と発言したことも、厳しい批判を受けた。子連れ出勤をしたアグネスに理解を示す立場の意見としては「女たちはルールを無視して横紙破りをやるほかに、自分の言い分を通すことができなかった」(上野千鶴子)などがある。

この件に象徴されるように、かつての日本では仕事の場にプライベートの事情を持ち込むことが「公私混同」と批判される雰囲気が存在した。しかし、アグネス論争から30年経ち、テレビ出演者の子連れ出勤に対する現場や社会の受け止め方は、大きく変わった。

「働き方改革」がメディア制作の現場に波及

2018年にNHKの連続テレビ小説(朝ドラ)「まんぷく」でヒロインを務めた女優・安藤サクラは、朝ドラ初のママさん女優などと報じられたが、子どもが生後4か月のときに受けたオファーだったため、「子育てに専念すべき」「このタイミングでできるわけがない」と当初は断るつもりだったという。

局側はスケジュールの前倒しや撮影時間の短縮などによる労働環境の整備を約束し、「一緒に育てましょう」と説得。家族の勧めもあって彼女は出演を決意した。「時には娘さんを局に連れてきてもらえれば」という制作統括者の発言が「子連れ出勤ＯＫ」と報道され話題となった。[1] 撮影に向けＮＨＫ大阪放送局にはキッズスペースが新設され、他の出演者やスタッフ、局員も利用可能になったという。[2]

この全面的なサポートの追い風となったのが「働き方改革」である。連続ドラマの制作現場は過酷な労働環境で知られるが、そこで政府が進める改革を実践しイメージアップを図ろうとするＮＨＫ会長の意向を制作統括が汲む形であった。働き方改革のみならず、女性活躍推進、少子化対策（子育て支援）など、国が目指す方向性に合致した「正しい取り組み」として、労働環境が整備された。国や会長の意向というトップダウン型の改革ではあるものの、国際的な映画賞を受賞した作品に出演するなど話題性も高い実力派の女優の主演は制作現場にとっても歓迎すべきことで、託児施設の整備や撮影スケジュールの前倒しなどによる長時間労働の是正は現場のスタッフや共演者にとってもメリットがある。視聴者は子どもを持つ女性が多く、共働き世帯のほうが主流の昨今、子育てしながら仕事に励む女優への共感や応援も期待できる。「上から押し付けられた」と現場が反対する理由もなかったと思われる。

本人は子育て期の仕事をあきらめかけていたが、安藤は芸能一家の一員で、彼女が仕事を続けることを夫や両親なども応援し、後押しもしていた。周囲のほうが出演に乗り気で外堀が埋まり本人が腹をくくった、という流れも歓迎ムードを作ったのではないだろうか。

子連れ出勤が「ほのぼのエピソード」に

アグネスのときのような「特別扱い」というやっかみの声や「自覚が足りない」といった手厳しい意見で炎上する事態には至らなかったが、お上のお達しであることや、仕事ぶりへの評価、視聴率への貢献といった成果に加え、本人のコメントにもその理由がありそうだ。「私のために、これだけ環境を整備してくれました」という母親である自分の視点からの権利の主張ではなく「娘さんを一緒に育てましょう。（その子にとっても）スペシャルな時間にしましょう」というスタッフの言葉など、子ども中心の視点で「子どもにとっての幸せ」という情緒的な部分が語られ、「3歳までは母親が……」「子どもがかわいそう」といった批判を寄せ付ける隙はなかった。

最終回を迎える直前には、ヒロインの娘が相手役の俳優になついたという話題が「ほのぼのエピソード」[3]として番組宣伝のトーク番組で取り上げられた。例年、家族の絆がテーマとなっている朝ドラ枠でもあり、家族のような雰囲気で撮影が進んだことが感動的なエピソードとして紹介された。

車での送迎や専属スタッフがいる託児スペース、温かく受け入れてくれる周囲の人々など、一般人には手が届かない世界であるが、アグネス・チャンの子連れ出勤が炎上した30年前と比較すると、隔世の感がある。

一般人にとっての子連れ出勤

子連れ出勤については「選択肢が増えた」などの肯定的な意見もあるが、報道やＳＮＳなどで見る限り、労働者の側では否定的な反応が目立つ。現状では職場が子育てに適した立地や環境でない場合が多く、環境整備にコストもかかるため、定着には時間がかかりそうだ。

しかし、国は意外と本気のようで、企業内託児所（事業所内保育施設）は、２０１７年の時点で約５０００か所に増えていた。さらに、２０１９年1月、政府は「子連れ出勤」を少子化対策における各自治体の重点課題とし、交付金の補助率を引き上げる方針を示して世間を驚かせた。子育て離職を防ぎ、柔軟な働き方を実現させるためだという。

職場に家庭を持ち込むか、家庭に仕事を持ち込むか

なんらかの形で境界設定をしながら思考せざるを得ない[4]という必要性に迫られ、本書内では生産活動（政治・経済）が行われる公的領域（国家や企業）と再生産活動（家事や家族のケアなど）が行われる私的領域（家庭）というふたつの領域を想定し、論考を行う。公的領域での活動は報酬を受け取る有償労働（例：企業で社員がする仕事）で、合理性や予測可能性が重視されるが、私的領域での活動は予測不可能で非合理性に支配された無償労働（例：家庭で親が行う育児）が中心であることが想定されている。ハンナ・アーレント以降、多くの議論がなされてきたが、〈公〉〈私〉の定義や境界線は常に揺らいでおり、二項対立的に論じることとの限界がある。近年はこれに代わり公共圏／親密圏という概念が用いられることも多い。しかし、定義や境界線の変化自体を問うことにも意義があると考え、〈公〉〈私〉という概念を用いることとした。

子連れ出勤は、〈公〉領域に、主に〈私〉領域で行われていた活動が流入している状態だ。これと逆方向からの改革として、〈私〉領域で〈公〉領域の活動を行うテレワーク（在宅勤務）がある。テレワークの導入により、通勤や移動にかかる時間や費用、ストレス、疲労の

軽減や労働生産性の向上が期待され、多様な人材の活用も可能になる。育児や介護などのケアが必要な家族を持つ労働者が働きやすくなるというメリットもある。

しかし、ＩＴ企業などでは導入が進んでいるものの、全体から見ると一部に過ぎず、なかなか浸透しない状況が続いていた。業種や職種の関係上、テレワークが難しい場合もあり、設備投資や労務管理、情報漏洩対策といった導入のためのコストがかかることも大きいが、仕事を遂行する上で「同じ空間にいること」「職場に出てくること」を重視する雰囲気や公私の分離を望ましいとする意識が多様な働き方の実現を阻害しているといわれている。

その後、事態が急変したのは周知のとおりである。２０２０年3月、新型コロナウィルス感染症の対策として、日本政府は小中校の一斉休校を要請し、不要不急の外出を控えるよう呼びかけた。その結果、子どもが家庭内で長時間過ごすこととなり、テレワークを導入する企業も一気に増加した。このときに多くの人が実感したことと思うが、良きにつけ悪しきにつけ、政治や法制度は家族のあり方や生活を変える影響力を持っている。長く続いた職住の分離（公私の分離ともいえるが）により、過去においては公私混同と批判されてきた行為を政府が推奨し、各自治体や企業も取り組んでいる以上、これらの行為への社会的な意味づけが変わっていくことが予想される。

進次郎&クリステル婚が象徴する「私ごと」の劇場化

用意周到な電撃発表

２０１９年夏、小泉進次郎・滝川クリステル（以下進&クリ）の結婚報告が世間をにぎわせた。父は元首相で兄は俳優という若手政治家・小泉進次郎には女性の支持者やファンが多く、支持者減やファン離れが危惧されたが、小姑予備軍も納得の相手選びに成功した模様だ。テレビでは祝福一色だったが、ＳＮＳでは「福山雅治、西島秀俊以来の衝撃」「私たちにはまだ孝太郎がいる！」という阿鼻叫喚、「お・も・て・な・し」の5文字を他の言葉に言い換える大喜利、「あざとい」といった批判、「美男美女過ぎて腹が立つ」というやっかみなど、単なる祝福にとどまらずネタとして楽しむ行為も見られた。

記者会見の冒頭で、小泉は結婚相手を紹介し、妊娠を報告した。首相官邸を舞台に２人そろって報道陣のフラッシュを浴びながら行ったこの会見は14時前に始まり、情報番組放映中の民放各局で生中継された。その後、ＮＨＫも15時のトップニュースとして報じた。この日、兄の俳優・孝太郎も、芸能マスコミ向けに弟の結婚に関する緊急記者会見を行い、弟のメディア戦略を応援した。同日夜には進＆クリが横須賀の自宅前に揃って現れ、大勢の報道陣や地元の人々を前に、地元有権者への挨拶を意識した短い記者会見を行った。安倍首相は小泉元首相との思い出話にもふれながら「令和幕開けにふさわしいカップル」とコメントするなど、お祭り騒ぎが続いた。

報告に用いられたメディアはテレビだけではない。会見開始後の14時過ぎには、進次郎氏のフェイスブックとオフィシャルブログ（オフィシャルサイトからのリンク先がアメーバブログ）で、同じ文面での結婚報告記事が公開されていた。

「いつ結婚するんだ」「はやく嫁もらえ」「いい歳なんだから…」などと地元でも、国会でも、全国でも言われてきた私ですが、この度、結婚することをご報告致します。

（２０１９年8月7日14時8分、小泉進次郎フェイスブック）

最初の報告は民放各局で生中継し、それを受けてネットニュースやSNSが盛り上がる流れを想定し、SNSでの情報解禁時間を決め、秘書に指示して（あるいは事前の予約投稿で）、あらかじめ用意しておいた原稿を公開したと思われる。用意周到にメディアを使い分け、話題化が図られていた。結婚報告のフェイスブックへの反響は、「いいね」が7万件超、コメント4741件、シェア2369件である。同じ内容を掲載したアメーバブログは「いいね」1万7850件、リブログ191件（いずれも2019年8月31日時点）である。これらの反響は、結婚報告以前の日常的な話題の投稿に比べ、1〜2桁多い。「結婚」がらみの話題は社会的関心が高く、視聴率やページビューが取れるので、人気稼業である政治家やタレントは、自らの発言や取り組みへの注目度や、好感度、支持率、視聴率を上げるために、これらの情報発信に熱心だ。

リアルタイムで視聴できなくても

進＆クリ会見は14時頃に行われ、生中継されたが、平日昼間のワイドショーの生中継をリアルタイムで見られない人も多い。かつては、土曜夜の情報番組（TBS「ブロードキャスター」）に「お父さんのためのワイドショー講座」というコーナーがあり、その1週間の民放キー局のワイドショーで放映時間が長かった話題を上位から紹介するという「まとめ」を提供していた（1991年～2008年）。筆者も、お父さんではないが、これを見て話題に乗り遅れまいとしていた。いまは、テレビ自体を見ない人が増えたためか、同じような趣旨で、スマホなどで検索され表示された回数が多い単語が紹介されたりしている。

近年は、大手メディアが記者会見動画（海賊版ではなく）やニュース番組の動画をネット上で公開するようになっており、平日昼間のワイドショーで流れる会見映像を見逃した人も、スマートフォンなどで都合の良いときに視聴し、話題に追いつくことができる。朝日系のANNニュースCHが公開した首相官邸での進&クリ会見動画（ノーカット版）は、3週間で約69万回再生（高評価3000件、低評価850件）されている。動画の削除要請は行われていない。進&クリは、情報伝達のプロセスや伝わり方を熟知しており、リアルタイムで視聴されなくても動画としてネットで閲覧されることを想定し、プロモーション活動として記者会見を行ったという印象が強い。

恋愛結婚の政治利用

記者会見冒頭で「こういう官邸という場で、私ごとで大変恐縮ですけど、私もようやく結婚することになりました」と述べたように、小泉は「私ごと」と自らが言うプライベートな話題を首相官邸から生中継で報告したことになる。この行為は、「公私混同」「劇場型結婚」「野心家」など批判された。しかし、一議員の希望で官邸を結婚報告の場として使うことはできない。自分に政権を譲ってくれた先輩の息子であり、人気がある若手政治家が、東京五輪の誘致活動の際に活躍したタレントと結婚し、五輪開催年に子どもが誕生――。首相や官房長官はこのストーリーを政治的に利用できると踏んだのだろう。進&クリ側も国民的な祝い事として扱われれば「未来の首相とファーストレディ」というイメージ形成ができ、お膳立てに乗るメリットはあった。

進&クリ会見では職業や肩書でなく、愛で結ばれた結婚であることが強調された。いわば、恋愛結婚の政治利用である。「政治家の妻という役割にとらわれず、一個人として幸せになってほしい」という思いが語られ、妊娠の報告も同時に行われた。後日、「0歳児からの活動報告会」で小泉は「新米パパになる」「育休取得を検討中」と「父」となることへの期待や意欲を発表していたが、その日は内閣改造が噂される日の10日ほど前であり、地元での結婚報告とあわせ、大きく報じられることが期待されるタイミングでもあった。

その後、小泉は環境相に就任し、第一子誕生後の2020年2月に計12日間分の育休を取得した。期間を決めて連続して取得する「休業」でなく、仕事の合間に休みを取る「休暇」ではあるものの、実行に移した。国会答弁で「お風呂、おむつ替え、ミルク作りを担当している」とプライベートな話題で注目を集め続けながらも、ふれられたくない話題には「個人的なこと」と口を閉ざす彼に、ダブルスタンダードであるとの批判もある。しかし、「制度があっても取得が進まないのは『空気』」と語る彼の育休取得を支持する男性も少なくない。

「私ごと」の劇場化

進&クリの結婚・出産は「私ごと」全般の劇場化傾向を示す典型的な事例といえる。この件に限らず、日本の結婚・出産・育児は、いわば国民的関心事となり、丁寧に報告しないと礼を欠くとみなされるなど、従来の価値観でいえば「公私混同」とされる方向にシフトしている。少子化やソーシャルメディア普及などの社会変容が、当該社会の中で共有される

〈公〉〈私〉の意味と境界線を大きく変化させたと筆者は考えている。

進&クリ会見の前月には、お笑い芸人（南海キャンディーズ山里亮太）と女優（蒼井優）がそろって記者会見に出席し、結婚を報告した。彼らには「非モテ」「魔性の女」というネガティブな烙印が押されており、異色の組み合わせが話題となった。この会見で山里は「魔性などではなく純粋な人」と蒼井のイメージを損なわないように配慮しながら、お笑い芸人としての立場も意識し、自分自身がカッコよくなり過ぎないよう自虐を盛り込むという周到な印象管理を行っていた。また、助け舟を出したり、相手の言葉に目を潤ませる、見つめ合うといった、映像で見なければわからない相互行為や非言語的なコミュニケーションが多い。2人そろって会見を行った映像を誰もが視聴でき、相思相愛ぶりをコンテンツとして楽しみ、リアルタイムで感想を言い合えるメディア環境が、「私ごと」の劇場化を盛り上げる装置となっている。

ソーシャルメディアの普及と「ご報告」ブーム

ソーシャルメディアとは、情報技術を用いた双方向型のメディアの総称である。そのひとつとしてソーシャルネットワーキングサービス（ＳＮＳ）がある。今世紀に入り、ＳＮＳの普及が一気に進み、日本では２００２年頃から無料のブログサービスが広く使われるようになった。ブログとは、ウェブ上に日記のような記録を残すという意味の Web ＋ log のWeblog が短縮され blog と呼ばれるようになったものだ。

２０１９年にサービス開始から15周年を迎える「Ａｍｅｂａ（アメーバ）ブログ」の一部のブログは、国立国会図書館のインターネット資料収集保存事業の対象となっている。「現代社会における生の情報を記録する資料として、それらを保存し、後世に伝える意義は大きい」との判断だそうだ。アメーバブログのアクセス数はＦＣ２に次いで国内２位だが、会員数６５００万人、累計記事投稿数は25億件超（２０１９年９月、同社発表）である。２０１９

年に国会図書館に収められた42のブログには一般ブロガーの婚活日記やミニマリストの暮らし、ステップファミリーの育児日記なども含まれるが、その多くは「アメーバ芸能人・有名人ブログ」に執筆している著名人によるもので、彼らの職業は、歌舞伎俳優、元フリーアナウンサー、片づけコンサルタント、アスリートなどである。

芸能人・有名人の私生活はエンタメコンテンツ

運営企業のサイバーエージェントによると、アメーバ芸能人・有名人ブログとは「著名人が発信する、専門性の高い情報からトレンド情報など、さまざまな情報がコンテンツとして蓄積された、注目度の高いメディア」[5]で、同社は「芸能人・有名人による私生活情報、専門情報の洗練された価値観やトレンド情報」を「エンタメコンテンツ」として位置づけている。２０１６年８月の時点で約２万人の著名人が「オフィシャルブログ」で情報を発信していた。同社は、２０１６年に著名人のＳＮＳ発信を支援する専門組織を設立し、フェイスブック、インスタグラムと連携し、著名人自身のウェブマーケティング展開のサポートを始めた。

ブログが国会図書館に収められている歌舞伎俳優・市川海老蔵は、末期がんで闘病中だった妻や子への思いをつづるブログを1日に数十回更新し、内容がテレビや雑誌などでも取り上げられるなど、社会的な注目を集めてきた。彼のブログは亡き妻のブログとともに、ランキング外のMVB（Most Valuable Blogger）という殿堂入りの扱いになっている。市川は2019年も仕事や子どものことなどに関し、毎月700件から900件というペースで投稿を行い、フォロワーは264万人（2019年11月）、個々の記事に1000件以上の「いいね」がついていた。父と子の食事や入浴など、起きてから寝るまでの日常生活を数千人が見守っている。[6]

父・母としての自己を語る場

アメーバブログは執筆者の属性やテーマで分類されており、「芸能人・有名人ブログ」13カテゴリのひとつとして「パパ・ママ」がある。2018年1月から2020年1月に至る2年間の執筆者数の変化は、「パパ」（28人→49人）、「ママ」（63人→73人）、「妊婦・プレママ」（26人→34人）、「新米ママ」（272人→320人）、「2児ママ」（126人→175人）、「3児以上ママ」（35人→58人）と、全部門でブロガーが増加している。また「モデル」カテゴリの中に「ママモデル」部門もあり、31人がブログを書いている（2020年1月）。

有名人・芸能人の「ママ」によるブログが細分化されているのに対し「パパ」にはそれ以上の細かい分類がなく、人数も「ママ」より少ない。「パパ」部門でランキング上位に位置するのは、妻も芸能活動をしていて、家族ぐるみで情報発信を行っている男性で、引退後にタレント活動をしているスポーツ選手や、生活情報系の番組への出演が多い俳優や元アイドルなど「パパ」を売りにする人々である。

「パパ」部門に属さず、父親としての立場で家庭や家族に関する記事を発信しているブログもある。たとえば「俳優部門」で人気の高橋克典のブログには、テーマ一覧に「子育て」があり、２０１９年12月までに79件の「子育て」記事が公開されている。

このように、ネット上に「父」「母」としての自己を語る場が成立し、拡大してきたことは、２０１０年代の特徴といえるだろう。

「ご報告」が人気ランキング入り

アメーバブログの有名人・芸能人の月間人気記事ランキングを確認したところ、２０１６年上半期は、毎月のベスト10の半分以上が、子育て中の日々をつづるブログで占められていた。

1　今日から私は京都　今日からしばし入院
2　ご報告
3　ご報告
4　とりあえず…(;゛Д゛)!!
5　バースデー出産
6　やっぱり
7　☆ご報告☆
8　おはよう〜 のんちゃんの秘密スープ♥
9　新しい病院♡
10　御報告

2016年6月に芸能人・有名人ブログの月間人気記事ランキングでベスト10に入ったもののうち、4件のタイトルが右のように「ご報告」で、その内容はいずれも結婚や離婚、妊娠、出産といったライフイベントであった。また、その3年後の2019年の「最も読まれた記事ランキング」では20代部門と30代部門の上位10件ずつにあたる20の記事のうち、９件のタイトルに「ご報告」という文字が含まれている。これらをふまえると、「ご報告」人気は少なくとも4年にわたり継続していることがわかる。

妊娠・出産報告の意味の変容：不祥事から慶事へ

妊娠・出産報告が本人たちにより公式コメントとして出されるようになったのは、筆者が調べた限りでは、２０１２年春以降である。いわゆるできちゃった結婚を所属事務所に事後報告で行った後、夫となる男性アイドルが事務所を辞め、男性のファンやＣＭ契約中の企業からの怒りを買った女優が、お詫び状のようなかしこまった文面の直筆ファックスで自身の妊娠を報告したのである。その頃を境に流れが変わった。それまでの妊娠・出産報告は誤字や絵文字を含むカジュアルなものや、事務所が発表した事務的なものが散見されたが、２０１２年頃からビジネス文書のフォーマットを用い、オフィシャル感の強い文体で、本人たちが個人的な思いを盛り込みながら報告するようになった。

このように著名人がマスメディアやソーシャルメディアを通し、自身や配偶者の妊娠もしくは出産に際し、父や母としての自身や家族のあり方について言及することがポピュラーになってきた状況に注目し、妊娠・出産を発表した著名人のメッセージ内容を収集した。

収集の対象時期は、ソーシャルメディア元年と呼ばれる２０１１年１月１日を起点とし、２０１６年8月31日までである。マスメディアやソーシャルメディアで発表されたコメントをテキストデータ化した。収集したデータは、計81件（1人ずつがコメントを発表している場合も連名の場合も、同じイベントの場合は1件として計算）である。発言者の性別は女性50人、男性25人（のべ人数）で、女性のほうが多い。妊娠時のみ、妊娠時と出産時の両方、期間中に複数の子どもを設けたなど、さまざまなパターンがあり、連名で発表された場合もあるため、人数と件数は一致しない。

妊娠・出産報告のパターン化

近年、著名人が妊娠・出産を発表する際、どのような表現が多く用いられているのか。

まず、計量テキスト分析[7]で品詞別の抽出語リストを生成した結果を**表1**にまとめた。計量テキスト分析は、あるトピックに関し、言葉や概念が用いられた頻度をカウントし、語られ

名詞	件数
皆様／皆さん	57
家族	24
命	21
気持ち	15
体調	13
女の子	13
私事	13
赤ちゃん	12
母子	11
心	11
夫婦	10
息子	10
子	9
言葉	9
喜び	9
ブログ	9
娘	8
男の子	8
愛	8
母	6
周り	6
お腹	6
方々	5
人	5
親	5
胸	5
我が家	5
ベスト	5
ファン	5

サ変名詞	件数
出産	48
報告	32
感謝	26
妊娠	22
お願い	21
仕事	15
応援	13
予定	12
誕生	10
感動	7
存在	7
関係	6
経験	6
報道	6
育児	5
準備	5

動詞	件数
思う	49
授かる	20
見守る	17
支える	12
迎える	11
産む	11
申し上げる	11
見る	10
楽しむ	9
生まれる	9
増える	9
頑張る	8
続ける	7
入る	7
過ごす	6
感じる	6
育てる	5

形容動詞	件数
無事	23
元気	21
大切	13
幸せ	12
安定	8
大変	7
不安	5
順調	4
穏やか	3
健康	3
新た	3

副詞	件数
これから	25
いっぱい	17
本当に	16
いつも	13
どうぞ	12
とても	11
ともに	11
心から	9
改めて	7
少し	7
初めて	6
まだ	5
よろしく	5
幸い	4

形容詞	件数
新しい	27
温かい	16
嬉しい	16
早い	7
楽しい	4
多い	4
可愛い	3
深い	3
素晴らしい	3

副詞可能	件数
たくさん	16
今	16
今後	12
現在	6
今回	6
時間	6
日々	6
先日	5

感動詞	件数
ありがとう	16

表1　妊娠・出産コメント　品詞別 抽出語リスト(数字は出現回数)
注)KH Coderで抽出語を品詞ごとに出現回数が多い順に並べたもの。「皆様」と「皆さん」を合算するなど、データ整理を実施。

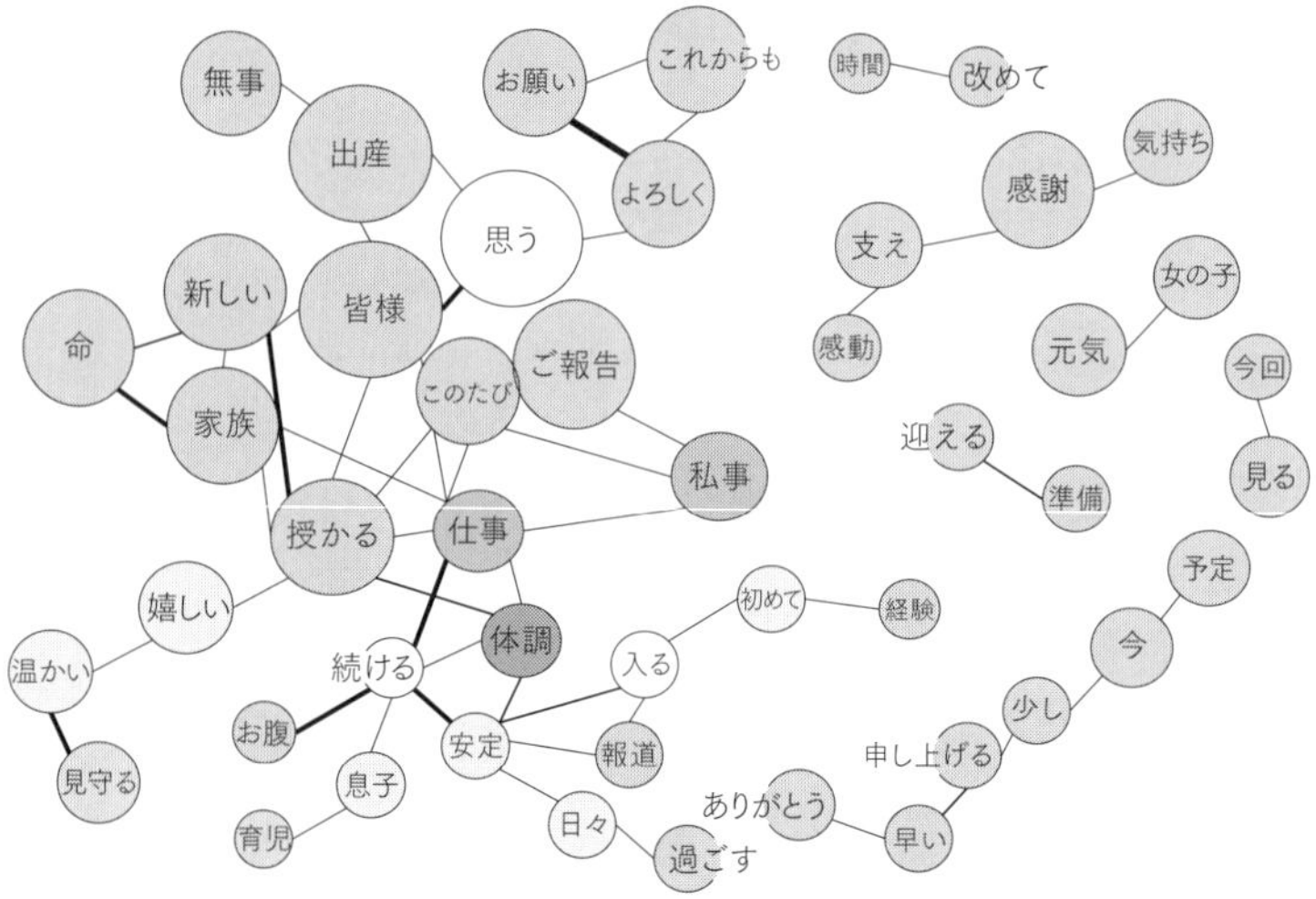

図1　妊娠・出産報告における頻出語の共起ネットワーク

方の傾向を可視化するもので、主観を排した客観的な分析を行うための手法である。

次に、計量テキスト分析のアウトプットの形態のひとつである「共起ネットワーク」を作成した（**図1**）。出現数が大きいコードは円が大きくなっており、出現パターンが似た単語同士は線で結ばれ、その程度が強いほど線が太い。また、単語同士のネットワーク構造で中心的な役割を果す単語は円に色がついている。

（1）頻出語

「出産」「思う」といった必然的に頻度が高くなる言葉のほか、「皆様／皆さん」「ファン」「お願い」「報告」など、読み手を想定し、積極的にメッセージを伝えようとする言葉の出現頻度が高い。

また、「私事《わたくしごと》」「申し上げる」など、オフィシャルな場面で用いられる表現が多用されている。「無事」「元気」「安定」「順調」といった妊婦と新生児の安否や健康状態を伝える表現、「幸せ」「楽しむ」「喜び」「愛」「感動」といったポジティブな感情表現も目立つ。「私事で恐縮ながら」というためらいの言葉が添えられたり、妊娠出産への不安などが語られる場合もあるが、ポジティブな感情を示す言葉のほうが全体としては優勢である。

（2）文の構成の頻出語のパターン化

図の左上に頻出語が固まっている。「皆様」あてに「ご報告」として、「このたび」「私事」ながらという前置きと共に、「新しい」「家族」が増える、あるいは「新しい」「命」を「授かる」という報告内容が述べられる。そこに「嬉しい」という感情とともに「温か」く「見守」ってほしいという願いが添えられる場合もある。妊娠・出産報告をテキストデータ化したため、当然であるが、母子の健康状態や出産完了を告げる「無事」「出産」も頻出している。また、「体調」が「安定」していることや「仕事」を「続ける」ことなども語られ、場合によっては「初めて」の「経験」であることや「安定」期に「入」ったことが報告される。

右のほうに並んでいるのは、オプションとして語られる言葉のパターンと考えられる。

「元気」な「女の子」であるといった性別、「迎える」「準備」をするといった親になる準備や心構え、日頃から「支え」てくれる存在への「感謝」の「気持ち」を伝え、最後に、「これからも」「よろしく」「お願い」するという今後も変わらぬ支援を依頼する結びの文を置く。このようなパターンが見えてくる。

妊娠・出産報告のビジネスレター化

メディアで流通するメッセージやビジュアルイメージが社会的に注目され、肯定的な評価を受けた場合、追随者が現れ、繰り返し用いられるようになる。妊娠・出産報告の定型化は、多くの人々から好意的な反響が得られ、消費の対象となったと考えられる。また、ビジネスレターのような形式は、「私ごと」としながらも、社会的な関心が高いトピックであることが暗黙の了解で、オフィシャルな形式での報告が期待される性質を持つイベントになっていることを裏づける。

妊娠・出産コメントの特徴を明確にするために、頻出語をコード化して整理してみた。**表2**は、樋口耕一が開発したKH-Coderのコーディングルール・ファイルの書式で作成

挨拶	報告 or お知らせ or このたび or 皆様 or 申し上げる or 皆さん
心理的抵抗	私事 or 照れ or 恥ずかしい or 畏れ多い or わざわざ or 見合わせ
妊娠出産	妊娠 or 出産 or 授かる or 誕生 or 命
安否	無事 or 元気 or 健康 or 安定 or 入院 or 順調 or 退院 or 体調 or 安産 or 安静
お詫び	お詫び or 迷惑 or お騒がせ or 申し訳 or ご心配
感謝	感謝 or ありがとう or お礼 or 御礼
家族・親役割	家族 or 母 or 父 or 夫婦 or 我が家 or 親 or ママ or パパ or 主人 or 妻 or 家庭 or 絆 or 支える or 責任 or 育てる or 育て上げる
ポジティブ感情	幸せ or ハッピー or 幸福 or 嬉しい or 愛 or 希望 or 楽しい or 期待 or 大切 or 幸い or 感動 or 夢 or 勇気
ネガティブ感情	陣痛 or 痛み or 恐怖 or 怖い or 苦しい or つらい or 大変 or 不安 or 戸惑う or 辛い
仕事の決意	精進 or 頑張る or 仕事 or 女優 or 役者 or 音楽 or ドラマ or 気合い
今後とも	これからも or お願い or 応援 or 指導 or 鞭撻 or 支援 or よろしく or 今後とも or ファン

表2　妊娠・出産コメント　コーディング・ルール

したテキストファイルの内容である。左がコード名で、右がそのコードにあてはまると設定した検索条件を表す。and, or, not, ( )などを用いることができるが、ここでは、orを用いた。

例えば、「報告」「お知らせ」「このたび」「皆様」「申し上げる」「皆さん」という単語は「挨拶」というコードに属するものとしてまとめるというルールである。

図2は、表2のルールに沿ったコーディングの結果として各コードの関連を示す共起ネットワークを描写したものである。図1と同じデータ

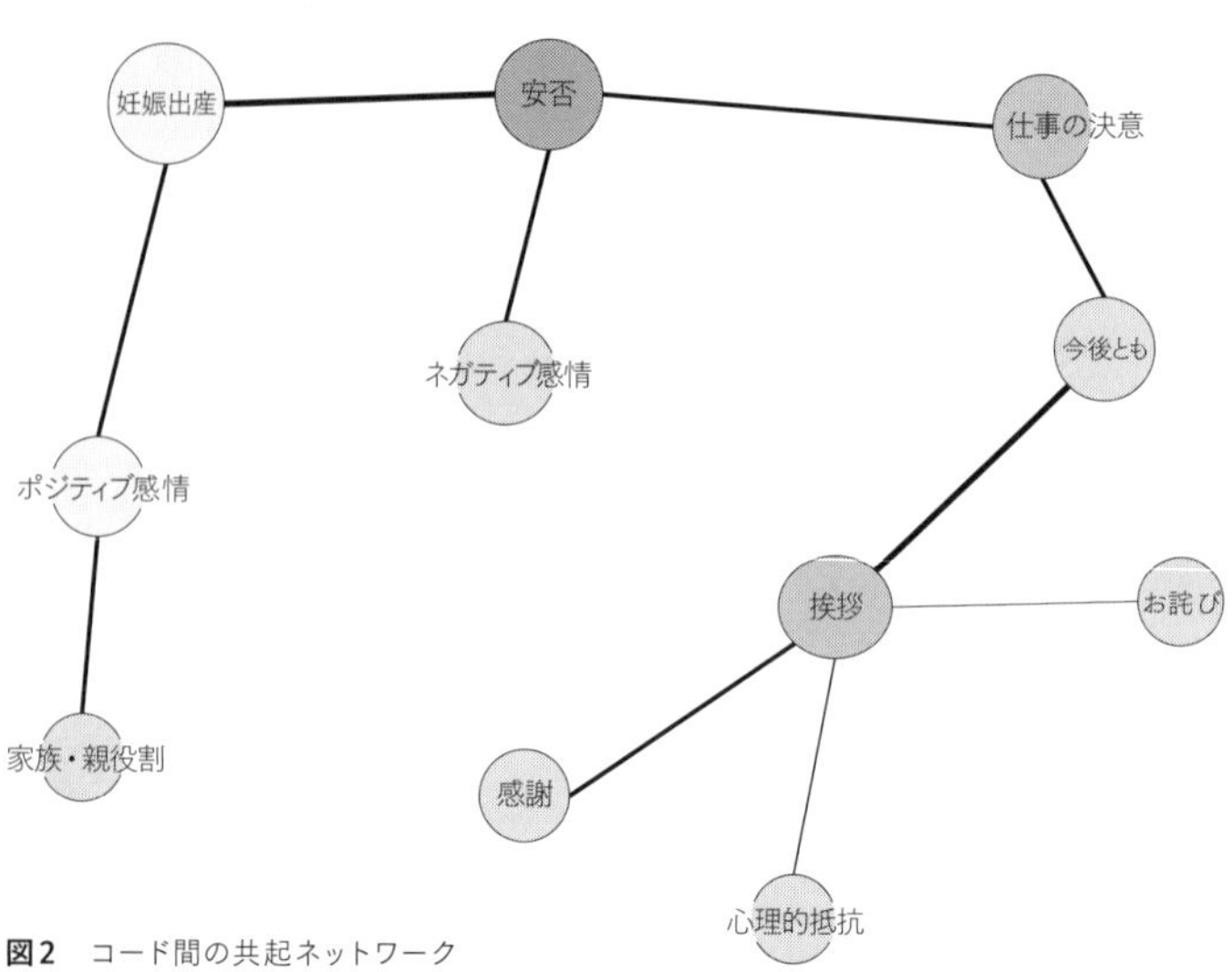

図2　コード間の共起ネットワーク

を用いているが、よりシンプルな形の共起ネットワークが示された。

夫婦のあり方を社会に定着させる効果

81件の文言を確認したところ、ほとんどの報告が「今後ともよろしくお願いします」という言葉で締めくくられている。

女性が妊娠・出産時に発表したコメントには「お仕事」「頑張る」「今後」「応援」といった言葉が多く含まれる。「ご報告」というタイトルがつけられる場合が多いが、単なる報告ではなく、「これからも仕事を続けていきたいので応援してほしい」という依頼までがセットとなっており、むしろそれが本題ともいえそうだ。

夫婦連名での挨拶において、妻が妊娠・出産後も仕事を続けることが当然というスタンスが定型化している。これは、性別役割分業にとらわれない夫婦のあり方を社会に定着させていくうえで、一定の効果を持つと考えられる。

その後、「ご報告」の発表方法は複数のメディアを使い分けながら拡散と認知を広げる方向に進化した。事務所経由でオフィシャルな文書をマスコミに発表し、ブログではプライベート・モードで心境を語り、「テレビにも出ます」と宣伝するなど、ソーシャルメディアとマスメディアを駆使し、自らのイベントに注目を集める動きが盛んである。テレビの生放送や主演の映画・ドラマの制作発表などのタイミングで、話題作りの材料として妊娠・出産が利用されるケースも散見される。妻の出産を機に子ども向け商品や家族向けの車のＣＭに出る男性タレントも現れるなど、私ごとがその人物のイメージを規定し、ビジネスチャンスを生んでいるのは確かである。

芸能人を参照する理由

１９８０年の山口百恵の引退が象徴するように、１９８０年代前半まで、アイドルは結婚や出産を機に引退することが当然視されていた。しかし、その後トップアイドルとなった松田聖子は1985年に結婚したが、妊娠中にレコーディングをし、産休・育休中も新作アルバムを発表し、産後3か月弱で紅白歌合戦に出演するなど、ブランクを空けずに歌手活動を続けた。

その後、彼女に追随する女性タレントが増え、1988年頃から「ママドル」という言葉が流行した。ママドルとは「ママ」と「アイドル」を組み合わせた造語で、母親になっても活動を続けるタレントのことを指す。2005年前後からは「ママタレント」「ママモデル」などの呼称が広まり「ママドル」は死語となっている。

松田聖子の出産は男女雇用機会均等法が施行された1986年である。その5年後の1991年に育児休業法が成立し、性別を問わず、育休の取得が可能になった。女性の育休取得率は、1990年代は5~6割だったが、上昇を続け、2007年以降は8割を超えている。第一線を退くことが美徳とされた時代に、彼女は仕事を続け、新しい生き方を体現するロールモデルの役割を果たしたといえる。

アメリカでは2017年10月、ハリウッドの有名プロデューサーが過去30年にわたり、職権を利用したセクシュアル・ハラスメントを行ってきたことが明らかになった。それを受け、女優アリッサ・ミラノが「もしあなたもセクハラ被害に遭ったことがあれば、『私も』と書いて」とツイッターで呼びかけたことから、SNS上で #MeToo というハッシュタグをつけるセクハラ告発運動が広まった。その後、アンジェリーナ・ジョリーやグウィネス・パルトロウなど実名で被害を語る有名女優も現れ、多くの映画人や政治家が被害者支持と再発防止を訴えた。翌年1月にはナタリー・ポートマンやエマ・ワトソン、メリル・ストリープといったハリウッドの女優たちが「Time's Up（タイムズ・アップ）というキャンペーンに関わり、ゴールデン・グローブ賞の授賞式で黒い服を着てメッセージを発信するなどの活動を行った。キャンペーン名はセクハラの横行と、被害者が黙ってセクハラに耐えることは「もう終わりにしよう」という意味だ。その後、Time's Up は、セクハラ撲滅という当初の趣旨にとどまらず、職種や人種、性別に関する不平等を是正し多様性を尊重すべきというメッセージを発信し、社会変革の必要性を訴えている。

日本では、権利が保障されていても、出る杭となって打たれることを恐れて行使せず、初期の採用者や周囲の動向をうかがい、目立たないタイミングで追随するという慎重な姿勢をとる人が主流だ。#MeToo 運動へのバックラッシュ現象や性暴力被害を告発した女性への誹誹謗中傷[8]など、女性が声を上げてもバッシングされたり潰される傾向もある。新しい価値観や生き方が一般社会に波及し実態として根付くまでには時間がかかるが、著名人は世論を変え、個人の行動を変えてゆく役割を果たす。

男性の育児休業取得が進まない現状を鑑みても、声を上げられないのは女性だけの問題ではない。育児・介護休業法の改正（2017年）で、育休を取得した労働者への不利益取扱い（解雇、降格、異動、人事評価を低くすることなど）は禁止されたが、2018年度の男性の育休取得率は約6％と、女性（80％台）に比べ、低水準だ。「育児は母親の仕事」「職場での責任を優先すべき」といった価値観の押し付けや同調圧力による「取りたくても取りにくい空気」があるといわれる。小泉進次郎環境相の育休取得は賛否両論となったが、それを想定し「空気を変えること」を目指し、現職の大臣として初めて育休（休業でなく短い休暇だが）を取得した彼は、自らの役割を正しく認識しているといえるだろう。

家族を語る行為を支えるもの

どこにいても子育て仲間とつながれる

１９９０年代に「公園デビュー」という言葉が話題となったが、その背景に、核家族化や少子化で、子どもの遊び相手や「ママ友」が近くに住んでおらず、公園に出かけて知り合いをつくる必要に迫られる母親たちの存在があったといわれる。

子育てコミュニティのあり方は、インターネットの普及とともに変容している。育児期は自由な外出が制限され、悩みを抱えたり孤独に陥ったりしやすいが、スマートフォンやＳＮＳの普及で、個人がリアルタイムで自らの情報を全世界向けに発信し、面識のない他者とつながったり、疎遠にしていた相手と再び交流を持つことが可能になった。離れた場所に住む「ママ友」「パパ友」との交流を可能にする選択肢は拡大している。どこにいても同じ立場の子育て仲間とつながり、日常生活を共有し、コメントをし合うなど、即時性と双方向性のあるコミュニケーションを行うことができるようになった。学生時代の同級生が育児仲間となったり、ツイッターで名前や顔を知らない他者とつながることで育児ストレスが軽減されたという体験談が新聞でも取り上げられたりしている。

人はなぜインフルエンサーを求めるのか

インターネットの普及やデジタル技術の革新により、マスメディアから発信された情報を大衆が受け取るという一方向的なコミュニケーションは過去のものとなった。送り手・受け手の境界は曖昧化し、ネットで動画を配信し、社会的影響力や高収入を得るユーチューバーは、子どもの憧れの職業となっている。

有名人とファンがSNSを介し、コミュニケーションを行うことも可能な時代となり、公式LINEに友達登録するとトーク画面で「あとでラインする」「ご飯いってくる」「昨日ごめんね」などと自らリアルタイムで送ってくる俳優（佐藤健）、こちらのメッセージに自動で即レスしてくれる俳優（菅田将暉）などが現れている。これらは数百万人向けに一斉送信されているが、偶然会話がかみ合えば、恋人気分を味わうこともできる。

昭和のスターはブロマイドの売れ行きを競ったが、ソーシャルメディアの普及が進んだ平成・令和においては、SNSのアカウントのフォロワー数や「いいね」の数、動画の再生回数などが、人気のバロメーターとなっている。多くのフォロワーを持ち、SNSなどによる情報発信で消費者の購買行動に影響力を与える人物は「インフルエンサー」と呼ばれる。しかし、人はなぜフォローしたりお手本にするための存在を求めるのだろうか。「アイデンティティ」という概念を手掛かりに考察してみたい。

消費社会における個人のアイデンティティの形成

発達心理学者のエリック・H・エリクソンが確立したアイデンティティ（自我同一性）概念は「自分とは何者か」を規定するためのものである。[9] 連続性や一貫性、同一性を持つことが望ましい自己のあり方とされ、他者が想定する自己と自分が考える自己についての観念が一致しない場合にアイデンティティの危機が起きるとみなす。しかし、近年、社会学やカルチュラル・スタディーズでは連続性や一貫性を要件とするエリクソンの定義を否定し、アイデンティティを流動的なものとしてとらえる見方が主流となっている。エリクソンの「アイデンティティ」概念は本質主義的な自我論であり、そのような同一性のある固定的なアイデンティティは存在しない、と批判するものとして、ジュディス・バトラー、ポール・ドゥ・ゲイら、ジグムント・バウマン、上野千鶴子の議論[10]がある。

バウマンは、現代は社会の枠組や諸制度が「液状化」し、絶えず変化を続けているため、個々人は自分の生涯にわたってアイデンティティの構築に取り組まなければならないと主張する。彼は、何らかのファッションやライフスタイルを示すことも「アイデンティティ」であるとし、例として、一時期ロンドンで流行した「スクーターライダー」ブームを挙げる。当時、「スクーターライダー・アイデンティティ」を人前で誇示したい人々は、高級ブランドが発売したスクーターライダー用の特注デザインウェア、レザージャケット、トレーナー、ヘルメット、サングラスなどを身に着けた。一瞬でブームは去ったが、お金さえ出せばこれに代替する新しいアイデンティティを自分で選ぶことは容易であるとバウマンはいう。

日本製の携帯型音楽プレイヤー（ソニー「ウォークマン」）がイギリスで新しい文化として受容されたプロセスを研究したドゥ・ゲイらは、ソニーの広告が「若く、活動的で、スポーティーで、ストリートの人気者であるために、ソニー・ウォークマンを身に着け続ける必要」を訴えているとし、「若者」のアイデンティティの一部として構築されていると分析した。彼らは「特定のライフスタイルを選ぶことを自分らしさとみなし、行動すること」という意味で「アイデンティティ」という言葉を用いている。

これらの主張は、アイデンティティというものが流動的だからこそ、その時々の流行や他者の勧めるアイテムをライフスタイルや自己イメージにアイデンティティを見出す人々が存在すると想定するものである。

有名人はアイデンティティ構築のための材料

ジャン・ボードリヤールによると、個人のアイデンティティのあり方は、他者と区別するために、ある抽象的モデルなどにもとづいて自己を特徴づけることである。ボードリヤールは、現代社会におけるポピュラー文化の特徴を「ルシクラージュ」と呼んだ。周期的に新陳代謝し、変化し、再開発される。また、流行に通じていて、何が起こっているかを知り、毎年毎月自分の文化的セットを更新することが求められるというのが特徴だ。

彼は雑誌を読むという行為を「同じ雑誌を読む人からなる抽象的共同体、潜在的集団に向かって集合するための目印」であると述べた。読者はある集団を頭に思い浮かべ、雑誌を読むことを通じてその集団の現実の姿を抽象的に完成させるという。自分が選んだ理想に近づけることにより、個人は「本当の自分自身」になると感じ、押し付けられたモデルに接近し、そのイメージに自己陶酔的に自分を反映させていくことが好まれる。また、特定の文化を媒介とし、自分自身が特定のグループに所属するという帰属意識を持ち続ける際、アイデンティティの感覚がもたらされる、とボードリヤールは言う。

新創刊された雑誌や政策キャンペーンではイメージキャラクターを務める人物が特定の女性像や男性像を表現する。それは受け手がそれをアイデンティティとし、集合することを期待して生産された抽象的なイメージである。ボードリヤールは雑誌を例として挙げたが、インスタグラムなどでビジュアル的な情報発信を行うインフルエンサーもこの図式にあてはまる。

SNS上では「いいね」や「フォロー」数増加を目指し、フォトジェニックな写真を公開するなどし、等身大ではない理想の自分を演出しようとする人の存在がしばしば指摘される。私たちは、マスメディアとソーシャルメディアが並存し、相互にテキストを参照し合う21世紀のメディア空間で、複雑かつ重層的なコミュニケーションを通じ、あるべき理想像を模索している。自撮りやつぶやきで自己を可視化し、他者からの承認を求め、相互に影響を与え合い、再帰的に自己が構築[11]されている状況である。「私たちは消費社会の消費者」で、「市場の中とその棚の上に置かれており、顧客であると同時に商品[12]」でもあるのだ。

また、SNSは「手間のかかる料理は愛情表現」「不倫は悪」といった価値観への賛否を他者と共有する場としても機能している。批判や賞賛を通じて人々は規範を確認しているのである。これらの議論をふまえれば、現代社会に生きる人々は、メディアが表象する人物像を自己イメージとして取り入れたり、善悪の判断を他者と共有するためのネタとして利用しながら、常にアイデンティティを構築している過程にあるとみなすことができる。

「父」「母」という立場で家族について語る有名人は、父親像・母親像を具現化する抽象的モデルの役割を果たしている。家族を語る行為は、それをアイデンティティ構築のためのお手本（時には反面教師）として求める人々が存在するからこそ成立するのだろう。

「家族が大切」という意識の高まり

一番大切なものは何ですか？

「あなたにとって一番大切と思うものはなんですか」

なんの脈絡もなく聞かれたら、霊感商法か、自己啓発系か、この人、じつは神？　などと雑念がわいてきそうな質問だ。これを5年ごとに60年間、国民にぶつけてきたのが「日本人の国民性調査」である。戦時中の１９４４年に設立された国の研究機関・統計数理研究所が戦後に始めたものだ。ＧＨＱによる統治や民主主義教育、無謀な戦争に走った原因を国民性と結びつける日本人論[13]などにより、日本人の考え方や行動の基準が揺らいでいるのではないかという懸念を背景とし、それらの実態や変化の把握を行うことが調査の当初の目的だった。

その後も調査は継続され、毎回20歳以上の男女数千人を対象に、人生観や労働観、宗教、社

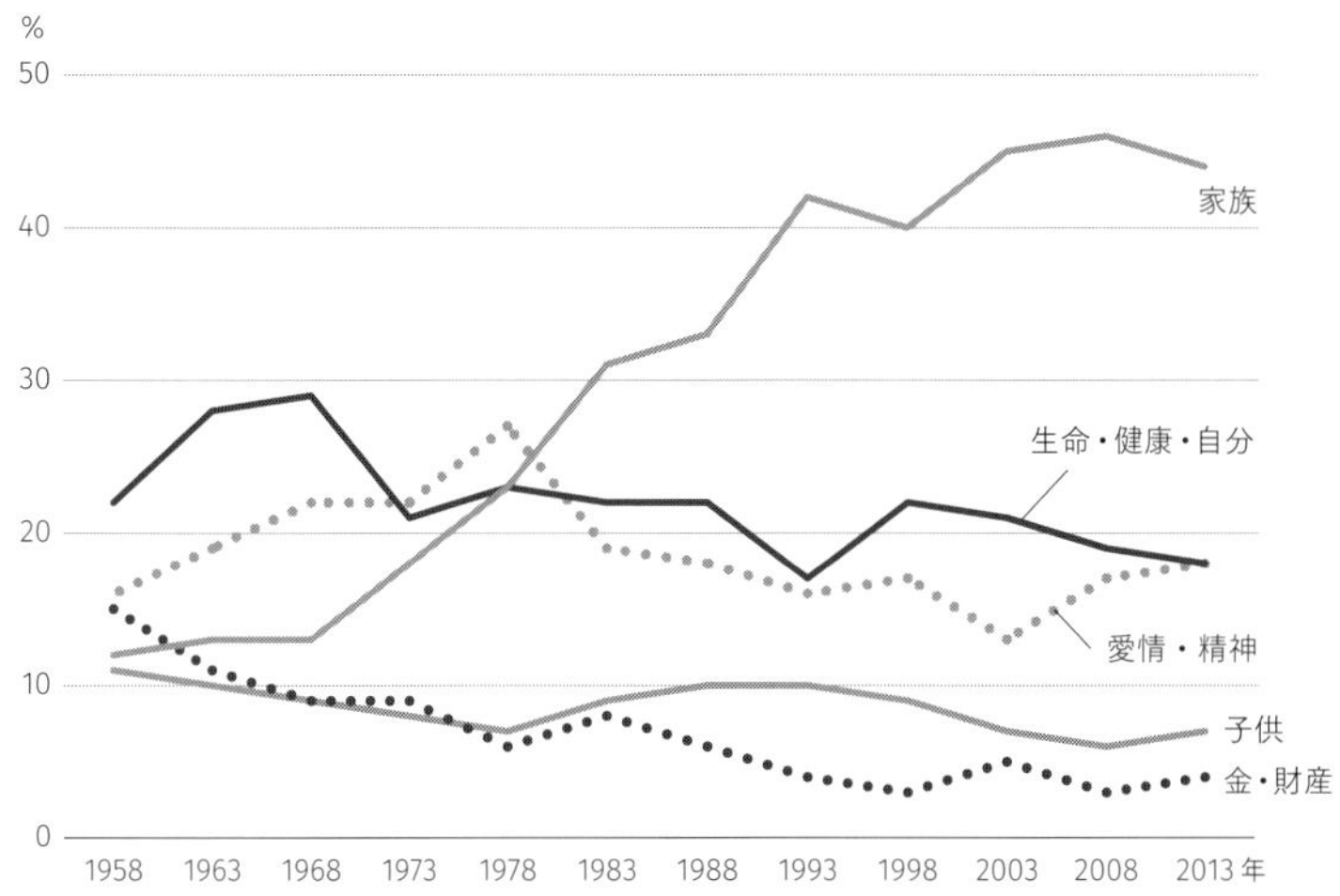

図3　「いちばん大切なもの」（国民性調査）
© 2016 The Institute of Statistical Mathematics
統計数理研究所が公表しているデータをもとに筆者作成

会問題、政治意識など多岐にわたる質問を口頭で聞き取り、その結果を分析・公表している。[14]

冒頭で挙げた「あなたにとって一番大切と思うものはなんですか。一つだけあげてください（なんでもかまいません）」という質問は、選択肢がなく、自由な回答をもとに分類・集計されたものだ。

いちばん大切なものを「家族」とする人の割合の変化を見てみよう（**図3**）。

１９５０〜60年代はいちばん大切なものを「家族」とする人は１割台だったが、70年代に２割、80年代に３割と次第に増加し、93年以降は４割台を保っている。

「生命・健康・自分」や「愛情・精神」がもっとも大切だと考える人も、常に２〜３割、存在しており、初期は「家族」よりも上位に位置していた。しかし、

1980年代以降は「家族」が「生命・健康・自分」や「愛情・精神」を上回り、最上位になっている。

人々の意識の変化を規定する3大要因

人々の意識が変化する際、その要因として「時代」「年齢」「世代」の3つがある。「時代」は、全体の意見を同じ方向性に向けやすいものとされ、たとえば、戦争や科学技術の発達・普及（インターネットやスマートフォンなど）による生活の変化、経済状況（バブル経済や不況）、自然災害やテロなどの社会的な脅威などである。「年齢」は、個人内での加齢やライフステージの変化など（仕事上の地位の変化、結婚や子どもの誕生、育児・介護経験など）、「世代」は、戦争や大きな災害・大事件、経済不況など、価値観に影響するような出来事に遭遇した体験の有無により、世代間の相違がもたらされたもの（例として「団塊」「バブル」「氷河期」「ゆとり」など）である。3つの要因は混ざり合っていて、どの要因が大きく作用しているかを測ることは難しい。

統計数理研究所の分析[15]によると、1973年を境に、社会全体に「家族が大切」という意識が浸透してきたが、その背景としては、時代背景的な要因がもっとも大きく、年齢やライフステージの変化（年齢効果）の影響もみられるが、「世代」による影響はあまりないという。経済との関連をみると、オイルショック（1973年）やバブル崩壊（1992年）の直後に「家族が一番大切」という意識が急増し、その後も定着している。データから見ると、70年代以降は、「家族が大切」という意識が社会で共有認識となり、年齢を重ね、結婚や子どもを持つ経験も、その意識に影響するが、世代を問わず、団塊もバブルもロスジェネも「家族が大事」と考えているということになる。

「仕事・信用」「金・財産」「国家・社会」といった家庭外（公的領域）にあるものを「一番大事」と位置付ける人は減り続け、その反面、「家族」「生命・健康・自分」「愛情・精神」といった私的領域にあるものが重視されている。平和と経済成長が続き、国のために命をかける必要がなく、物質的にも満たされ、個人の生活や心に関心が向かったことが想像できる。

家族を重視する傾向の強さが見られるのは、この調査だけではない。「平成26年版　少子化社会対策白書」でも、「大切と思う人間関係やつながり」という質問（複数回答）に、96・9％の人が「家族」と回答している。以下、「親戚」55・1％、「地域の人」49・4％と続く。

また、結婚と出産に関する2015年の調査では、独身男女の約9割が「いずれは結婚するつもり」と考えており、結婚の利点としては「子どもや家族を持てる」という意見が女性49・8％、男性35・8％と、男女ともに最多で、かつ、増加傾向にある（国立社会保障・人口問題研究所「第15回出生動向基本調査」）。

男性は「もっと休みたい」、女性は「現状維持か、もう少し働きたい」が理想

ＮＨＫが１９７３年から5年ごとに実施する「日本人の意識調査」では、仕事と余暇のどちらを優先するかについての経年比較を行っている。70年代から80年代前半までは「仕事優先派（余暇も時には楽しむが、仕事のほうに力を注ぐ）」が最多だったが、88年以降は「余暇両立派（仕事にも余暇にも、同じくらい力を入れる）」が「仕事優先派」を上回り、首位をキープする（**図4**）。「余暇絶対派」の比率も、「仕事絶対派」の減少とは反対に徐々に増加中だ。

長時間労働が常態化し、仕事中心主義が期待される日本人男性だが、さまざまな世論調査の結果に共通するのは、私的領域の充実を求める傾向が強いことだ。

①仕事②家庭生活③地域・個人の生活（地域活動・学習・趣味・付き合いなど）という３つの領域にどう関わりたいかを尋ねる内閣府の調査[16]によると、男性の３割が「仕事と家庭生活を

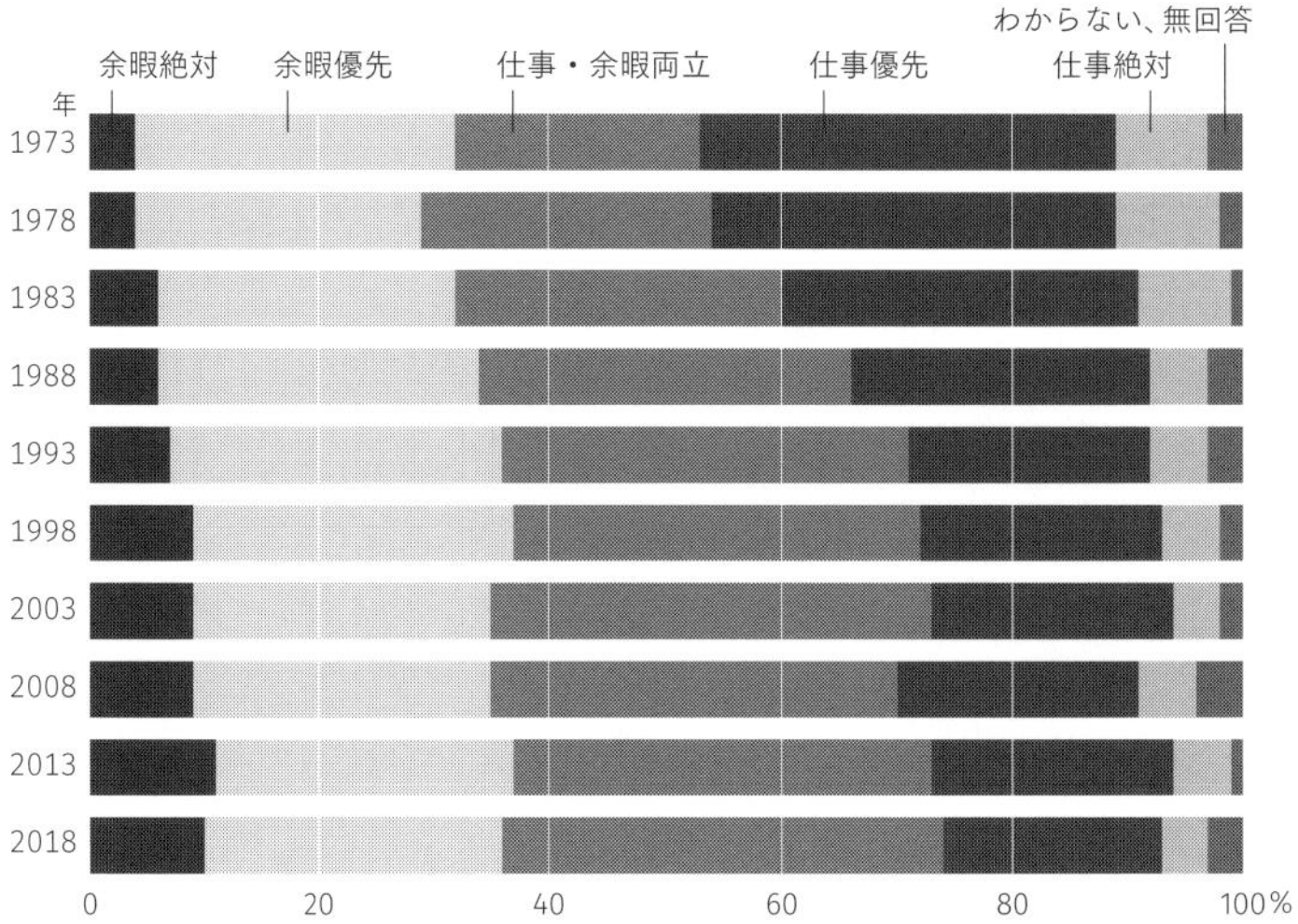

図4　仕事と余暇のどちらを優先するか
（NHK放送文化研究所「日本人の意識」調査より）

共に優先させたい」と希望しているが、それがかなっている人は2割である。「仕事優先」を希望している男性は1～2割と低いが、現実に4割が「仕事優先」になっている。一方、女性は「家庭生活を優先させたい」と3割の人が希望し、実際の生活は4割が「家庭生活優先」となっている。また、2019年9月の同調査では、育児や介護などの家庭内の役割について「自分と配偶者で半分ずつ分担したい」という回答が最多だった。

実態として「男は仕事、女は家庭」という分業体制はまだ根強く、男性は〈公〉寄り、女性は〈私〉寄りに偏っているが、男女ともに〈公〉〈私〉の両領域での活動をバランスよく行うことが理想とされている。

column 01

メディアとジェンダーと ウザい自分語り

　私がジェンダーに関心を持ったのは、早い時期だ。2歳ぐらいの頃に、事故で傷跡が残るケガをして「女の子なのにかわいそう」と大騒ぎになっていた。男と女は何か違うみたいだけど、男ならよかったの？　私は幸せになれないの？　とモヤついた。同じ境遇の女の子を悲劇のヒロイン扱いするマンガやドラマなどには傷ついた。撲滅すべき悪書や俗悪番組である。そんな目に遭ったので、学校の授業では男女平等と言うけど実際は違うこともなんとなく察知していて、「いじめられないように成績は優秀であれ」と言う母の期待に応え、他人に弱みを見せず優等生を演じていた。規格外っぽい自分には王子様は来ないようなので、生き延びる術をいつも考えていた。昔の田舎は平和でいじめはほぼなかったが……。

　中高生時代は雑誌の黄金期といわれた80年代。本や雑誌が好きで、自分の世界に浸っていた。東京で月曜に発行される週刊誌が木曜に届く地域だったが、雑誌は貴重な娯楽かつ情報源で、友達との共通の話題になった。

　就職活動では、容姿重視の企業や制服がある会社を避け、食いっぱぐれないよう、文系のオタクが主力商品を担当できる業種・職種を選び、出版社に就職した。入社後に配属されたのは、20代の女性向けの雑誌の編集部だった。国際誌の日本版で国内外の女性の生き方に関する記事や、ファッション誌でセクシュアリティを扱う連載（モア・リポート）などを担当した。

　脅されていた割に恋愛や結婚への支障もなく、まあまあリア充だった。昨今は、ディズニープリンセスですら自分を幸せにしてくれる王子をおとなしく待つ時代ではなくなり、白雪姫が「これは私の闘いよ！」と剣を持って敵と対決したり、正気を失った王子の目を覚まさせたり（『白雪姫と鏡の女王』）、王子が企みを持つ悪役だったりする（『アナと雪の女王』）。王子様なんて来ない（来てもあてにできない）と腹をくくって自分を頼りに生きる方針は、時代を先取りしていたのかも？　と勝手に思っている。

　その後、ウェブマガジンのプロデュースやニュース週刊誌、生活情報誌など、さまざまな媒体でコンテンツの制作や執筆を経験するうちに、雑誌の社会的な機能や読者の性別と内容の関係など、メディアとジェンダーのありように関心が移り……と書くとカッコいいが、なんでも屋状態の自分に嫌気がさし、メディア業界で仕事を続ける気力・体力もなかったので、よせばいいのに30代半ばで大学院へ。続きは「あとがき」で♡

2　家族の語られ方が2010年代に変わった

家事とCMと男と女

#MeToo運動に見られるようなジェンダー平等意識の高まりや、スマートフォンやSNSの普及などのメディア環境の変化を背景に、不適切な表現を含むCMに批判が集中し「炎上」状態になる機会も増えてきた。しかし、2010年代後半になっても、日本の企業や自治体が女性を貶める広告を作り、炎上する事例が後を絶たない。

2019年、日本赤十字社が献血を呼びかけるポスターに「宇崎ちゃんは遊びたい！」というマンガのキャラクターを使った。巨乳の萌えキャラ、宇崎ちゃんである。このポスターをアメリカ人男性が批判し、それに同調する「気持ち悪い」「大嫌い」などの拒否反応が起こった。「環境型セクハラ」という言葉を用いる人に対して「オタク蔑視」「表現の自由」「たまたまこういう絵を使っただけ」などの反論や批判が殺到し、炎上状態になった。

しかし、この件は議論する前から結論は出ていた。[1] メディアや情報業界が男女の固定的役割分担意識を払拭しバランスの取れた描写を実現すること、ジェンダーにもとづくステレオタイプを是正することは、各国の目標として国連の会議で定められているのだ。[2] メディアにおける女性の人権の尊重は男女平等参画基本計画（2000年）に盛り込まれており、内閣府の「男女共同参画の視点からの公的広報の手引き」（2003年）も、地方公共団体や民間メディアなどが自主的に規範とすることを奨励している。女性を性的対象物として描かないことを公的広報のガイドラインとする自治体もある。これらをふまえると明らかに「アウト」な案件なので、不毛なやり取りをしなくてもよいはずだが、メディアとジェンダーに関しては、ネット上でこの種の感情的な応酬を目にする機会が少なくない。

「男は仕事、女は家庭」という固定化された描写の是正は進んできたのだろうか。この節では、日本のテレビCMの中の男女の役割の描写について、〈私〉領域の活動である「家事」を誰がどのように担っているかを中心に分析し、時系列的な変化を見ていきたい。

家族向け番組のスポンサー企業

メディアのなかの母性神話を指摘する研究は数多く、いまさら検証するには及ばない。身近な例を挙げるなら、「ママ〇〇〇」（洗剤の商品名）「〇〇〇（料理名）にしてね、母さん」「〇〇〇〇（お菓子名）はママの味」「なんかな〜い、なんかな〜い、ねぇ、おかあさん？」など、商品名やCMソングに「母」がしばしば用いられてきた。これらは、家事や家族のケアの担い手であることを母に期待する表現である。

1990年代半ば以降、共働き世帯が専業主婦世帯を上回り、主婦が昼間にテレビを観るという視聴スタイルは崩れつつあるが、高度経済成長期以降、長期にわたり昼間の番組は主婦向けとなっており、それらの番組のスポンサーは、生活関連商品や食品を売る企業だった。

食品メーカー、白物家電（冷蔵庫や洗濯機など）のメーカー、トイレタリー商品（ヘアケア・ボディケア用品や、洗剤、おむつ・生理用品など）のメーカー、住宅関連企業など、家庭内や家族で過ごす場面で用いられる商品やサービスを扱う企業は、家族での視聴が好まれるテレビ番組でCMを流しており、CMのなかに家族を登場させる機会も多い。

花王は「愛の劇場」（TBS系）、ライオンは「ライオン奥様劇場」（フジテレビ系）と、それぞれ1960年代から昼の帯ドラマシリーズ枠のスポンサーを務め、味の素は料理番組「ごちそうさま」（日本テレビ系）の広告主だった。ハウス食品は子ども向けのアニメ「世界名作劇場」（フジテレビ系）を提供していた。

　これらの企業が扱う食品と洗剤を中心に、1960年代以降のCMのなかで、誰が炊事や洗濯を担い、どのように描写されてきたかに注目し、振り返ってみたい。本章で紹介する過去の事例は、男女の役割分担に対する当時の社会での認識が反映されたものである。発売元や商品名をぼかすとわかりづらいため、そのまま記載している部分もあるが、過去の時点での各企業の姿勢を2020年の基準で糾弾するつもりはなく、2010年代のCM（72ページ以降）と比較し、変化のプロセスをたどるために参照したことをご理解いただきたい。

ラーメンのCMの「作る人」「食べる人」

「私作る人、ぼく食べる人」。これは、1975年に放映されたハウス食品（以下、ハウス）のラーメン「シャンメン」のCMのフレーズだ。「国際婦人年をきっかけとして行動を起こす女たちの会（のちに「行動する女たちの会」に改称）」が放送中止を求めたことで知られる。行動する女たちの会は「男は仕事、女は家庭」という性別役割分業を肯定する表現を批判した。現在なら多くの人に支持される主張だが、当時は「ヒステリック」などと揶揄されバッシングを受けていた印象が強い。つまり、当時の社会ではCMの内容が概ね受け入れられていたということになるだろう。

改めてインスタントラーメンのCMの歴史を確認すると、「作る人、食べる人」ほど明確な言語化はされていなかったものの、他社のCMにも同様の描写がみられた。

「サッポロ一番みそラーメン」（サンヨー食品）のCMには長く藤岡琢也が出演していたが、「渡鬼」でのイメージもあり、口うるさい親父がこだわりを語りながら自分で作るという印象が強いかと思う。しかし、初期のCMでは、ハウスのシャンメンと同様に女性（母親）が作っていた。それを子どもたちが待つ様子も描かれているが、完成後に父親も現れ、「食べる人」として加わっている。藤岡CMでは、父が娘の作ったラーメンを食べ「気が利くな、うまいな、お嫁に行けるな」と、セクハラ発言をするバージョンもある。このような「いまなら炎上」案件は、枚挙に暇がない。

シチュー、カレーのCMの「作る人」「食べる人」

「シチューミクス」（ハウス）の70年代のCMには「いい奥様、いいシチュー」「今夜はママ自慢の……ハウスシチュー」という表現があった。当時のCMでは妻が作ったシチューを食べた夫が「言うことなし」とジャッジすると、妻の表情が不安から嬉しげな笑顔に変わる。男女の主従関係が明確で、対等とはいえない描かれ方であった。

ハウスのカレールーは10種以上あるが、初期の主力商品は「印度カレー」だった。80年前後の印度カレーは、CMソングの歌詞が「カレーにしてね、母さん」で、女優が「私はカレーを家族のために作ります！」とドヤ顔で宣言するなど、「母」の役割を強調していた。

同社のカレーでテレビCMの露出が多いのは、ジャワカレーとバーモントカレーだ。「大人の辛さ」を標榜するジャワカレーのCMには、子どもは登場せず、理想のカップルという位置づけで芸能人夫婦が共演するパターンが定番だ。1982年のジャワカレーのCMでは、カレーを食べながら親指で「いいね」のサインを出す夫に妻がうなずく。70年代のシチューミクスと同じ構図である。1991年は「お前のカレーが食べたくなった」という夫に「任せてよ！」と妻が応えており、役割分担は不変である。1994〜95年は一緒に買い物をし、夫が山のような食材を持たされているので、妻の地位は多少向上している。しかし、夫は「食べにおいでよ」と友人を誘うものの、彼が料理をする場面はなかった。

子ども向けの甘口の商品・バーモントカレーは、子どもに「おいしい」「おかわり」と言われ、「ヒデキ、感激！」と西城秀樹が喜ぶ台詞が有名だが、ここでの役割分担は、男性が

「つくる人」で、子どもが「食べる人」である。妻の留守中に子どもの世話をする父ではなく、みんなのお兄さん的な存在で、ネバーランドのピーターパンを彷彿とさせる。このあと、バーモントカレーのＣＭは主にアイドル的な人気を持つ男性タレントに引き継がれ、子どもを相手に「ぼく作る人」状態を続けているが、「わたし食べる人」を演じる成人女性は見当たらない。男性アイドルのファンの夢を壊さないために、これからも、この世界に成人女性は登場しないのではないかと思われる。

洗剤ＣＭの「汚す人」「洗う人」

洗剤メーカーによると、80～90年頃の衣料用洗剤のテレビＣＭは、「あくまで主婦に訴求するため、女性が洗濯をするシーンを描いてきた」[3]。確かに、妻や母が昼間、洗濯物を広げて干す場面や、汚れが落ちたことに喜んでいる場面が思い浮かぶ。その後、男性も登場するようになったものの、中心的な担い手を女性と想定している時期がごく最近まで続いていた。

２００５年の衣料用洗剤のＣＭでは、夫と子どもが野球で汚してきた服を「どうしたらこんなに汚れるのかしら」と妻がぼやきながら洗う。洗剤のパワーでひどい汚れはきれいに落ち、家族みな笑顔でめでたしめでたし、という内容である。2010年前後は、子どもが真っ黒にした靴下を洗濯かごに入れ、「のんきに笑っていられるのは、君が清潔を守ってくれているから。ありがとう。君とA（洗剤名）」「一日の終わりになっても妻が洗ったタオルは臭わない。ありがとう。君とA」と草彅剛演じる夫が妻に言う。いい人キャラのタレントを起用し、美談風にまとめているが、夫が自分で洗うと夜になったら臭うのだろうか。2020年の私たちの感覚ではのんきに笑っている夫に「アリエナーイ」と抗議したくなる。

同じ会社の柔軟剤入り洗剤「B」（2002年〜2008年頃）には複数の男性が登場していたが、舞台は家庭でなく職場である。敬語で話す若手が洗濯係で、威圧的な態度の先輩たちに、洗濯物に対する文句を言われたり褒められたりしている。当時は「パワハラ」という概念が社会に浸透しておらず、体育会系の上下関係として容認されていた。しかし、同社は同時期に、夫が「汚す人」に専念し、妻が「洗う人」というCMを流しており、男性の間では下っ端がする洗濯を家庭内で夫はせず妻にさせている。これだと妻の立場を夫よりも低くみており、感謝や笑顔で権力構造を隠蔽していることになってしまうだろう。

家事のＣＭに出てくる男性の諸類型

料理や洗濯などのＣＭで男性が登場することは少なく、家庭内で日常的に料理や洗濯を自分の仕事としている体で登場し、実際に手を動かす場面が映像化されることは、２０１０年代に入るまでほとんど見られなかった。過去の食品や洗剤のＣＭに男性が出てくる際の人物像の典型例としては「専門家もしくは実験する人」「空想の世界の住人」「おしどり夫婦の夫役」「非日常イベントの主催者」などがある。

（１）専門家・研究開発者・実験する人

１９７０年代のワインのＣＭ（サントリー「料理天国」）では、女性から「先生」と呼ばれる男性シェフが登場する。また、食用油のＣＭに登場する俳優は、ドレッシングの酢と油の配合の比率を若い女性に「教えてあげる」立場だ。「知らなかったの？」と発言するなど、「何でも知っている」キャラクター設定になっている（味の素「シェフレ」）。

男性タレントを起用した衣料用洗剤のＣＭは、男性がメインで洗濯をする場面が過去にはほぼ見られなかった。２０１０年代も、洗剤のＣＭに男性が登場する場合の役割は、「研究員」キャラが主流であった。白衣を着た「主任研究員」に扮した男性タレントが登場（P&G「アリエール」）したり、汚れからの挑戦状を受け取り実験室で汚れ落ち実験に挑戦するもの（ライオン「トップ スーパーNANOX」）、食器や流し台の除菌や排水溝の臭い対策を、モルタルボード（博士風の角帽）をかぶっていたり白衣をまとった男性俳優が指導するが、実際に洗うのは女性（P&G「JOY」）というパターンで、当事者ではないという「他人事」感が強い。

（2）空想の世界の住人

バーモントカレーのCMは、前述のとおり、一時期を除き、男性アイドルが出演し料理を作るパターンが踏襲されている。しかし、リンゴ型ハウスやスタジオのセットのようなカラフルな背景であったり、人体が重力に逆らって空中に浮遊したり、という具合に非日常空間が舞台となっている。男性アイドルのほかに「食べる人」役として子どもたちが登場することもあるが、父と子ではなく謎の関係性でファンタジックな世界観だ。

男性俳優がヒーローコスチュームを身にまとい、「家族（父親含む）の歯を守り続ける」という歯磨き粉のCM（花王「クリアクリーン NEXDENT」）もある。前述の「汚れからの挑戦状」も非日常的な演出だが、生活臭さを避けたい男性アイドルへの忖度と考えられる。それに対し、このヒーローを演じる男性は中年俳優なので、父親を「守られる存在」にするために、人知を超えたキャラクターが必要だったのかもしれない。

（3）おしどり夫婦の夫役

著名な夫婦がCMに登場し、理想の家族像を演じるパターンもある。

あてはまる事例は、ハウス「ジャワカレー」（主に40代以上の俳優夫婦が歴任）、「シチューミクス」（30代の夫婦）、花王「メリット」（主に子どもがいる30代の夫婦）などである。

「メリット」は、単身世帯の増加やダイバーシティに配慮したのか一時期用いた「新・家族シャンプー」という表現を用いなくなったが、子どもたちとの休日を楽しむ幸せそうな夫婦を俳優に演じさせ、家族のためのシャンプーというイメージを継続している。

近年、芸能人夫婦がCMに起用される場合、夫婦円満であることが重視され、離婚する際にはCM契約の終了を見計らう、という具合に家庭の事情が露骨に仕事に直結している。夫がイクメンであることが好感度につながる反面、不倫などの家庭不和が明るみに出た際は、企業への批判が殺到して契約解除に至る事例もある。

（4）非日常イベントの主催者

すき焼きの割下や焼肉のタレ、鍋料理のポン酢などのＣＭでは、父親役の男性がキーパーソンとなる場面が１９７０年代から複数見られた。子どもたちに鍋料理を取り分ける父、「見てろ、ブリっていうのはなぁ、いい色になったら……」とブリしゃぶの仕方を家族に説明する父（ミツカン「味ぽん」）、自宅のこたつで娘の婚約者らしき男をすき焼きでもてなし、相手の品定めをしながら味付けをする父（ヤマサ「すき焼き専科」）といった姿である。

いずれも、ふだんから料理をしている雰囲気は薄く、不自然な作り笑いやぎこちなさがコミカルに描かれ、アウェイでの奮闘という印象だ。家族と食卓を囲む鍋料理の日という特別な場面で鍋奉行やアク代官として主導権を握りたいというヒーロー願望の現れだろうか。

その後、年代が新しいＣＭほど、料理をする父の姿は自然体に近づき、家族の笑顔と共に日常生活の一場面として描かれるようになる。父親のあり方が従来の母親に近づくことで、ジェンダー差が小さくなってきているのだ。独身男性が自分の楽しみとして料理をする場面も、珍しくない光景となった。

固定的だった男女の家庭内での役割描写が変化したプロセスを次節で確認したい。

ぼく作る人＆洗う人——料理男子、洗濯男子の登場

2010年代以降の食品、洗剤のCMでは固定的な役割分担が減り、変化が見られる。調味料のCMへの男性タレントの起用が多く、もはや「当たり前」となった状況や、「洗濯男子」のCMが女性に支持されていること[4]、シチューや鍋料理などのあったか系料理のCMにイケメンが起用される現象[5]をペリー荻野も指摘している。

妻や婚約者のために温かい料理を作る男性

1990年代までのカレーのCMでは夫が「作る人」役を演じる姿は見当たらなかったが、2013年頃のCMでは、夫が妻のために料理する場面を確認することができた（ハウス「ジャワカレー」）。ただし、テニスの勝負で妻に負け、「作ってね！」と言われ「……

はい」と答える前置きがついており、男の料理には罰ゲームという理由が要るようだった。２０１９年の同シリーズでは、座ってくつろぐ妻が「手伝おうかー?」と複数回言うが、夫は「いいから、いいから」「大丈夫」と包丁で野菜を切り、料理を続け、完成したカレーを女性が食べるという役割交代への進化を遂げている。

「北海道シチュー」（ハウス）の２０１９年版ＣＭでは、北海道まで訪ねてきた婚約者に、男性がシチューを作る。夢をかなえるために故郷で奮闘中の男性は、一人前になって東京にいる婚約者を呼びたいと考えている。この細かい設定は、同社のホームページ上のスペシャルコンテンツで把握した。その後、「結婚して、はじめての冬。」という続編ＣＭが放映された。ふたりのストーリーが少しずつ展開するプロセスが確認できる。このシリーズは、毎年、冬場になると北海道の魅力を前面に出した新作ＣＭを流しているが、毎回、誰が料理しているかは曖昧な状態で団らんが描かれていた。２０１９年版になってようやく、男性が作ったシチューを女性が「おいしい」と言う場面が出てくる。筆者が知る限り、同社が男性を「作る人」、女性を「食べる人」として明確に位置付けたことはなく、画期的といえる。

一方、同社の「シチューミクス」は、母と子を中心に描いていたが、２０１９年は「家族だからあたたかい」と「家族」を強調し、イクメン芸人と呼ばれる夫が妻の女優と共演している。仕事から帰ってくる夫を妻と子どもが迎えに行き「家族だから、あたためたい」という女性のナレーションが流れる。「夫婦円満の秘訣はかかあ天下」と夫婦が共に認める芸能人夫婦が出演し、撮影現場での夫婦によるエピソードも宣伝に用いられるなど、虚実が混在した演出が行われている。CMの世界では実態以上に伝統的な役割分担で「家族の絆」が強調されているのは、保守層への忖度だろうか。

エスビー食品は、2019年は、3つのカレーのブランドのCMに「カレー好き」という共通点を持つ男女（男性1名、女性2名）を登場させている。彼らは家族ではなく、年齢差はあるが、上下関係は示されない。同社の「濃いシチュー」のCMは、男性2人が先輩後輩（とはいえ友人に近い）の間柄で、シチューと人生の共通点を語るというもので、ジェンダー役割をCMに取り込まない方針のようだ。

ラーメンCMにおける「私、食べる人」のその後

ラーメンのCMは、男性の登場率が高い。男性が「作る人」かつ「食べる人」になっており、とくにお湯を注ぐだけのカップ麺は、その傾向が強いようだ。

「うまかっちゃん」（ハウス）は関西以西での発売で、東京では入手困難なので、東日本では知られていないかもしれないが、40年間の累計販売数が35億食に達し、九州人のソウルフードといわれる袋入りとんこつラーメンだ。１９８０年代半ばのＣＭには、生徒会長に立候補する男子高校生が登場し「男、青春、立候補」という文字が映し出されていた。その後、90年前後は久留米出身の男性タレントが教師役として職員室や教室で語るシリーズだった。２０１８年のＣＭは、福岡で人気の男性お笑い芸人が先生に扮し、男子生徒にラーメンと人生について指導しており、男性教師と男子生徒という伝統が引き継がれている。

東京２０２０オフィシャル麺パートナー（カップ・袋）の日清食品は、競技人口が少ない近代五種というスポーツを応援すると宣言しており、オフィシャルサイトに筋肉粒々の男性の写真が多数出てくる。同社「ラ王」は歴代のＣＭの登場人物の9割が男性なので、やはりこちらも男性が主なターゲットなのであろう。

日清には若い女優がおいしい作り方を解説するＣＭシリーズ（日清「チキンラーメン」）もあるが、架空のキャラに扮して解説するという設定で、異性のファン層をターゲットにしており、洗剤ＣＭの男性研究員に近い。そんななか、女性向けとされるラーメン（２０１９年「ご褒美ラ王」）が発売された。ＣＭキャラクターは、ベストマザー賞を受賞したモデルだ。

CMでは、家事・育児・仕事と多忙で疲れている母がキッチンで洗い物をしていると、子どもたちが天使の服装でやってきて、母親にラーメンを勧める。コラーゲンやイソフラボンなど、化粧品やサプリに含まれる成分が含まれた高級ラーメンで、「頑張り過ぎのママにご褒美」と銘打っている。「一生懸命お母さんを甘やかそうとする天使たち」（ホームページ）という表現もある。

ラーメンのCMで、女性は「作る人」でなくなったのは、調理が簡単なメニューだからであろう。女性に対しては「頑張り過ぎたとき」の「ご褒美」や「甘やかし」として勧められる。それは、女性は料理上手であれという役割期待の反映だ。主婦は通常家族のためにラーメンよりも凝った料理を作ることが想定され、期待されているから、女性向けラーメンが「甘やかし」「ご褒美」の意味を持つのだろう。男性がコラーゲン入りを食べるのも肌には良いし、本来、性別にかかわらず、頑張りたいときは頑張り、そうでないときはそれなりに、自分が食べたいものを作って食べれば良いのだが。

フランス人形のような容姿を目指し、美容に情熱を注ぐ音楽家・Mattを筆頭に、美容男子の存在感が強まっている。性別と美容を結びつける傾向は、いずれ弱まっていくことが期待される。

洗濯を楽しむ男子の登場と支持

２０１８年に、前年の「好きなママタレント」ランキングで1位になったタレントをＣＭのキャラクターに起用した洗剤があるが、起用の理由は「ママタレントとして忙しい中でも家事や育児と仕事を両立されており、いつも笑顔で家族と接している」というものだ。本人も「息子からは『ママ凄いね！』と褒めてもらい励みになりました」「最近では長男が家事のお手伝いをしてくれるようになった」「ぜひＣＭでのママの姿も見てほしい」「長男は来年から小学生になるので、授業参観にはいい香りのお洋服で参加したい」と「母親」の立場を強調したコメントを発表している（Ｐ＆Ｇ「ボールド」プレスリリースより）。

このように近年、良妻賢母イメージのあるタレントやモデルを起用し、母の役割イメージを強調し描写するＣＭも見られ、メディアがジェンダー規範の再生産に寄与する傾向はまだ続いている。しかし、変化の兆しもある。

たとえば、うつむいてキッチンのシンクを磨く女性が顔を上げると女装した俳優だったとわかるＣＭ（キンチョウ「ティンクル」美しい人編）が２０１７年から放映されている。

また、２０１９年には男性が洗濯の当事者となるＣＭが出てきた。「洗濯愛してる会」という社会人サークルのメンバーという設定で、5人の若手人気俳優が洗濯男子として洗濯や洗剤に対する愛を熱く語り合うものだ（花王「アタックZERO」）。広告主は、家事に関する消費者の実態を調査し、洗濯をする男性の増加を把握したうえで「お母さんが洗濯物を広げて干すようなCMは、もはや古い」（花王・野原氏）という認識だ。「実験」という伝統的なスタンスは踏襲されているが、洗剤の容器を「この子」と呼んだり、汚れ落ちの効果に歓喜するなど、楽しそうな様子で「所帯じみた感じを排除」している。自分で洗濯し、成分や汚れ落ちの具合を科学的に検証したり、洗濯への愛をオタク的に語り合う趣味を男性に提案すると同時に、イケメン5人を同時に登場させるというサービス精神が、女性からの支持も取り付けたようで、2019年5月のCM好感度ランキングで同社のCMとして過去最高順位の2位を記録した。男子同士のワチャワチャ感を愛でるという、アイドルファンやBL（ボーイズラブ）愛好家のようなスタンスでの楽しみ方もされているようだ。

柔軟仕上げ剤のCMにも、2019年は男性2人が汗の臭いへの悩みを語り合い、部屋着姿で家庭内の洗濯機で服を洗い、仕上がりに満足するという映像（花王「ハミングファイン熱暑男子・カフェ篇」）が用いられるようになった。かつては女性が演じていた役割を男性がベタに演じることで、役割のスイッチが強調されている。洗濯をする男性たちを過剰にコミカルにかわいく描いているきらいはあるが、洗濯という分野に初心者として参入してきた人々を温かく見守る女性の目線を意識している部分もありそうだ。

各社のCMが描く男女の役割の変化をたどってきた。かつてのCMでは、家事における役割を性別で規定する描写が主流であったが、長い時間をかけて少しずつ変化し、性と役割を結びつける傾向は弱まっている。全ての時期の全商品のCMをカバーすることはできないが、ジェンダー平等の方向に進みつつある傾向は見てとれるのではないだろうか。まだ過渡期ではあるが、今後、食品や洗剤のCMに男性が登場し、家事に対する意味づけを変える流れは加速すると思われる。

もう一つ、CMに登場する人物に対し、家族構成や家族との関係性といった私的領域での立場や人格といった全人的な評価が求められ、夫婦円満や子煩悩ぶりを示すエピソードがそれらを裏づける材料として用いられる傾向も、近年強まっている特徴といえるだろう。

パパブログにみる「親バカ」文化の隆盛

ブログというメディアの浸透

アメーバブログのアクセス数は非公表だが、読者数や「いいね」の数が人気を示しており、人気ブロガーが更新する記事には常に3桁から5桁の「いいね」がついている。アクセス1位を続け、2014年にMVB（Most Valuable Blogger）に選ばれた市川海老蔵のブログには約265万人の読者がいる。また、4児の父で2016年に「いい夫婦の日パートナー・オブ・ザ・イヤー」を受賞した俳優・タレント（杉浦太陽）のブログの読者は約34万人である（いずれも2020年2月）。出版不況で、発行部数が30万部を超える雑誌は数えるほどしかない[6]という現代のメディアの状況を考慮すると、ブログというメディアが社会に浸透し、一定の影響力を持っていることがわかる。

親バカを隠さず、支持を集める父親たち

アメーバ芸能人・有名人ブログで父親が書いている人気ブログは、いずれも日常生活を記録したものであるが、子どもへの愛情がストレートに表明される。雑事を楽しむ小市民的な父親が好まれ、多くの読者の共感を得ているようだ。とくに幼い子どもがいる場合、連日大量の写真を公開し、照れずに愛情を表現するなどの親バカぶりを披露しても、マイナス評価を受けることは少ない。読者には更新されたブログを訪問するという労力が必要とされるため、執筆者や話題に関心がある読者が中心で、親バカぶりをむしろ好むからだ。物議を醸す内容には批判が殺到し炎上する場合もあるが、誹謗中傷を含むコメントが掲載されないようにする機能もあり、通常、目に見えるコメントは称賛が中心となる。

2017年10月に約1か月間、総合1位をキープし続けていたタレント（アレクサンダー）は、1日に数十回、ブログを更新し、妻のために作った料理や赤ちゃんの写真を公開し、妻の留守中に初めてひとりで子どもの世話をする不安などをリアルタイムで一日中、更新していた。まだしゃべれない赤ちゃんの写真に「考え中バブー ミルクのんだばっかりバブー」などと架空の台詞を添えたり、子どもと手をつないでいる写真や抱っこして散歩して

いる写真を載せるなど、本人が子どもをかわいがり育児を楽しんでいる様子が伝わってくる。2019年も、月に400～500件の投稿を続け、親子3人でディズニーシーを訪問した様子を実況するなどしていた。

このほか、芸能界の溺愛パパ軍団と呼べそうな面々として、娘の5歳の誕生日に「今夜はパパと寝てくれるようなのでパパはテンションMAXです!!」と喜ぶお笑い芸人（サンドウィッチマン伊達みきお）、自分と妻を「親バカな私たち」と呼び、「恋は盲目」と息子への溺愛を隠さない元野球選手（マック鈴木）、新生児の頃は一緒に二度寝三度寝し、歩けるようになってからは公園デビューに付き添う俳優（山田純大）などがいる。山田が約3年半に書いたブログは約3700件で、そのうち3歳の娘の愛称「まー」を含むものが582件ある。

子どもの年齢により父としての関わり方は変わってくるが、小学生の息子を持つ俳優（高橋克典）は、入浴中に息子と話をし、一緒に考える時間を楽しんだり、スキーの大会に参加する息子を応援する様子をブログにつづっている。20年前、若手俳優だった頃に隠し子の存在が判明し騒動になった俳優（河相我聞）は、40代になり、すでに大きく成長した子どもと友達同士のように山に登るなどして余暇を楽しんでいる。

市川海老蔵も若い頃は暴力事件を起こし謹慎したことがあり、良き父親像とは程遠い生活をしていた。しかし、末期がんの妻の闘病を支え、子どもに愛情を注ぎ、父として成長する様子をリアルタイムで更新し、かつてのイメージは払拭されている。妻の闘病を見守り、最期を見届け、その後の喪失感や子どもを育てる決意など、さまざまな思いがブログを通じてリアルタイムで共有されてきた。悲劇を乗り越えようとする父親の姿と子どもたちの成長が国民的な関心事となったといっても過言ではない。「育児をしない男を、父とは呼ばない。」（1999年厚生省ポスター）という脅迫的なスローガンで揺さぶりをかけなければならなかった時代とは異なり、父親たちは自ら進んで子どもと積極的に関わっている。それをオープンにすることが良き父、良き人間として、本人の好感度を上昇させることにつながっているようだ。

誰が「父」として語っているか

パパブログという場が存在しなかった頃、男性が「父」としての自分を語る行為は、日本社会の中でどのような形で存在してきたのか。雑誌における著名人の子育てに関するインタビュー記事を分析対象とし、日本の雑誌メディアで「父」という語りが占めてきた位置づけと内容および変遷を確認したい。

分析に用いるのは、大宅壮一文庫のウェブ版「Web OYA-bunko」の雑誌記事索引検索の結果である。1986年以降を10年ごとに区切り、それぞれの時期ごとの特徴を述べていく。

検索の詳細な条件は**表3**に記載しているが、Web OYA-bunko の検索画面で雑誌発行日を限定し、「フリーワード」の欄に「父」「母」「パパ」「ママ」「子育て」などの言葉を入力したものを1つめの検索条件として設定した。フリーワードとは、大宅壮一文庫が用いている用語であり、検索の際に入力する単語を意味する。記事タイトルまたは備考欄として同文庫

雑誌発行日	検索条件1 （フリーワード）	検索条件2 （記事種類）	検索結果 （件数）
	<子育てを語るのはトップスター>期		
～1995年	設定なし(全期間／全件)	設定なし(全件)	920,917
	設定なし(全期間／全件)	インタビュー	52,521
1986年 ～1995年	設定なし(10年間／全件)	設定なし(全件)	870,069
	(子育て)	設定なし(全件)	1,206
	設定なし(10年間／全件)	インタビュー	50,205
	(子育て)	インタビュー	75
	(子育て)AND(父OR母)	インタビュー	9
	(子育て)AND(パパORママ)	インタビュー	5
	(子育て)AND(父)	インタビュー	2
	(子育て)AND(パパ)	インタビュー	2
	(子育て)AND(母)	インタビュー	7
	(子育て)AND(ママ)	インタビュー	3
	<育児しない男＝父親失格>期		
～2005年	設定なし(全期間／全件)	設定なし(全件)	2,418,644
	設定なし(全期間／全件)	インタビュー	219,326
1996年 ～2005年	設定なし(10年間／全件)	設定なし(全件)	1,497,727
	(子育て)	設定なし(全件)	3,509
	設定なし(10年間／全件)	インタビュー	166,805
	(子育て)	インタビュー	354
	(子育て)AND(父OR母)	インタビュー	62
	(子育て)AND(パパORママ)	インタビュー	49
	(子育て)AND(父)	インタビュー	31
	(子育て)AND(パパ)	インタビュー	29
	(子育て)AND(母)	インタビュー	37
	(子育て)AND(ママ)	インタビュー	23

表3　子育てに関する雑誌記事の件数(1986年～2019年)

大宅壮一文庫雑誌記事索引検索Web版「Web OYA-bunko」の検索結果をもとに著者作成。件数は2020年2月26日時点。「全期間」は、Web OYA-bunko採録の最古の雑誌(1891年2月発行『風俗画報』)を起点とする。検索条件2は、検索条件1に加えて設定したもの。

雑誌発行日	検索条件1（フリーワード）	検索条件2（記事種類）	検索結果（件数）
＜育児する男はカッコいい＞期			
～2015年	設定なし（全期間／全件）	設定なし（全件）	4,147,286
	設定なし（全期間／全件）	インタビュー	454,897
2006年～2015年	設定なし（10年間／全件）	設定なし（全件）	1,728,642
	（子育て）	設定なし（全件）	5,126
	設定なし（10年間／全件）	インタビュー	235,571
	（子育て）	インタビュー	734
	（子育て）AND（父OR母）	インタビュー	134
	（子育て）AND（パパORママ）	インタビュー	146
	（子育て）AND（父）	インタビュー	35
	（子育て）AND（パパ）	インタビュー	51
	（子育て）AND（母）	インタビュー	103
	（子育て）AND（ママ）	インタビュー	100
＜出産のご報告＞ブーム期			
～2019年	設定なし（全期間／全件）	設定なし（全件）	4,589,979
	設定なし（全期間／全件）	インタビュー	523,928
2016年～2019年	設定なし（4年間／全件）	設定なし（全件）	442,693
	（子育て）	設定なし（全件）	1,044
	設定なし（4年間／全件）	インタビュー	69,031
	（子育て）	インタビュー	177
	（子育て）AND（父OR母）	インタビュー	20
	（子育て）AND（パパORママ）	インタビュー	31
	（子育て）AND（父）	インタビュー	4
	（子育て）AND（パパ）	インタビュー	6
	（子育て）AND（母）	インタビュー	16
	（子育て）AND（ママ）	インタビュー	26

表3　子育てに関する雑誌記事の件数（1986年～2019年）
大宅壮一文庫雑誌記事索引検索Web版「Web OYA-bunko」の検索結果をもとに著者作成。件数は2020年2月26日時点。「全期間」は、Web OYA-bunko採録の最古の雑誌（1891年2月発行『風俗画報』）を起点とする。検索条件2は、検索条件1に加えて設定したもの。

が設定した補足説明文にその単語が含まれる場合に、検索結果に表示される。

次に、記事の種類を2つめの検索条件とした。「設定なし」としたものは、指定した期間内に発行された雑誌記事のうち、検索条件1に該当する全ての種類の記事を検索の対象とする。「インタビュー」を検索条件2に設定したものは、検索条件1に該当する記事のなかでインタビュー記事のみを検索の対象としている。

起点を1986年に設定したが、その理由は、それ以前の時期は収録記事の数が少なく分析に必要なデータが得られないことと、2015年までの30年間を10年ごとに振り返りたいと考えたためである。

(1) 1986年～1995年——子育てを語ることはトップスターの特権

1986年からの10年間で「子育て」に関する記事は1206件あるが、その中に占めるインタビュー記事（75件）の割合は、6・2％である。2006年～2015年は子育て記事全体に占めるインタビューの比率が14％（5126件中734件）だったので、それに比べるとこの時期は子育てというテーマに関しては、インタビュー形式以外の記事が主流であったことがわかる。75件の内容を精査したところ、父親が当事者として子育てを語っている

発言者	記事タイトル	掲載誌・発売号
杉良太郎	子育てINTERVIEW　杉良太郎“いじめ”は学校の責任もあるけれど、親の責任が80パーセントだね	『週刊平凡』1986年3月28日発売号
長嶋茂雄	「『パパ長島茂雄』大いに語る　わが子育て論」	『週刊サンケイ』1988年1月14日発売号
忌野清志郎	「Face to face ロック王・キヨシローに子育てを聞く」	『BART』1992年4月13日発売号
ハリソン・フォード	「子育て以上に素晴らしい仕事はない」	『女性セブン』1992年8月13日発売号
ジョージ秋山	「21世紀へのコンセプト　ジョージ秋山　わがアウトローの子育て道」	『Voice』1993年8月号
竹中直人	「『無能の人』が子育ての天才になった！　竹中直人の育児日記　妻・木之内みどりと3才の娘に贈る心の教育論！」	『女性自身』1994年11月22日発売号
ポール・マッカートニー	「音楽を愛し、家族を愛す／子育ての楽しさにめざめたジョンと他愛もない話ができてよかった」	『ニューズウィーク日本版』1995年11月1日発売号

表4　著名人が父親として子育てを語るインタビュー記事（1986年〜1995年）

ものは7件（**表4**）で、語り手は、欧米のミュージシャンや俳優、国民的スターとなっている野球選手、政治的な発言や過激な発言が多く「ロック王」「アウトロー」などの形容詞をつけられたミュージシャンや漫画家らである。

記事タイトルには「大いに語る　わが子育て論」「本誌独占インタビュー」「心の子育て論」「21世紀へのコンセプト」といった表現が用いられている。子どもと過ごすリアルタイムの日常生活での体験談を気軽に語るというスタンスではなく、子どもがすでに大きくなった時点で自らの経験を振り返り、次世代への示唆を与えようとする抽象論や思い出話が中心である。欧米の俳優やミュージシャンのインタビュー記事には「すばらしい仕事」「愛」「楽しさ」といった語り手の感情が記事タイトルに含まれるが、日本人のインタビュー記事のタイトルは、抑えた表現になっている。

ポール・マッカートニーは、ビートルズのメンバーとギリシャで過ごした休暇を振り返り、ジョン・レノンが「子どもを喜ばせるにはどうすればいい?」と聞いてきたことを、彼との大切な思い出として語っていた。すでに故人となったジョンのことなら何でも聞きたいというファンのニーズに応えたものといえる。

この時期は、父親が子育てや家族について語るという行為が一部のスターやカリスマにだけ期待され、語る権利が特権的に与えられている形である。ファッション誌やライフスタイル誌でさまざまな父親がインタビューに応じ、リアルタイムの子育てを語り始めるまでには、ここから20年ほどかかる。

本人の了解を得ない盗撮や憶測のみの記事

前述のとおり、1990年代前半までは、男性がメディアで子育てを語ることが珍しく、スーパースターがファンサービスとしてプライベートを語る際の話題として、あるいは、先進的な意識を持つ著名人やジャーナリストが理想論を語る際の材料として、子育てというテーマが用いられていた。この時期の著名人の子育てに関する雑誌記事で、本人に直接インタビューを行ったものは少ない。多くの芸能人が、結婚や妊娠・出産の際に自ら「ご報告」として発表し注目を集めようとし、毎日ＳＮＳで日常的な家族情報を発信する２０１０年代以降の状況とは異なり、１９８０年代後半から90年代前半は、例外的にスーパースターが語る場合があるものの、有名人の子育てや家族のことは、ゴシップネタ扱いが主流だった。周辺人物への聞き込みや盗撮と思われる写真で構成される週刊誌のスキャンダルネタは多数存在し、子どもの受験や運動会、学園祭の写真が週刊誌に載っているが、撮影や掲載について本人や事務所の了承は得ていないと思われる。彼らがインタビューに応じ、自ら子育てを語る状況であれば、盗撮をする必要はないためだ。

　１９８０年代後半にトレンディドラマで主演し人気を集めた女優（浅野温子）は、当時、未就学児の母であったが「好感度ナンバーワンの〝子持ち〟[7]」と皮肉めいた書き方をされ、「生活感がない」「主婦感覚ゼロ」が魅力とも書かれている。母親であることが女優の仕事をするうえでプラス材料にならず、隠すことが望ましいという価値観がこれらの表現に反映されていた。「遊んでて結婚スクープを逃した」「赤っ恥体験」と芸能レポーターが告白する記事[8]があることからも、彼女の結婚は秘密裏に行われたことがわかる。しかし、約30年後の2018年、NHKアナウンサーとなった息子が自身が出演する朝の情報番組でそれまで語らなかった母の名前をカミングアウトした。公にすることがいまは話題作りとしてプラスになり、担当番組への注目に貢献できるという判断なのだろう。これも、家族を語ることに対する社会での受け止められ方が大きく変わったことを象徴する出来事だ。

（2）1996〜2005年——「育児をしない男を、父とは呼ばない。」キャンペーン前後

1996年〜2005年は、その前の10年間に比べ、「子育て」をフリーワードに含むインタビュー記事の件数が5倍近くに増えている。前の10年間に比べ、データベースに採録された記事の件数が1・7倍、インタビュー記事の件数が約3倍、それぞれ増加しているが、子育てに関するインタビュー記事の増加率はそれらを上回っている。また、他の時期は「父」「パパ」を含むインタビュー記事の件数が「母」「ママ」より少ないが、この時期は両者が拮抗していることにも注目したい。

女性歌手・安室奈美恵と結婚し、1児の父となったダンサー・SAMを起用した「育児を

しない男を、父とは呼ばない。」という厚生省（当時）の少子化対策キャンペーンが1999年7月に始まったが、これ以降、複数の女性向け生活情報誌[9]が男性に「父」を語らせる場を作り始めた。流れに先鞭をつけたのは、子どもを持つ女性を読者とする『Como』（主婦の友社）である。同誌は2000年に「ママのストレスシリーズ」という連載を始めた。1990年代後半は、母親の育児ストレスが少子化の一因として問題視され始めた時期でもあり、妻のストレス緩和のために夫は育児に参画しなければならないという論調が主流だった。

その後、21世紀に入ると、女性側から見た「素敵なパパたち」「有名人パパ」などとして複数の男性タレントが同じ記事に同時に登場し、子育てを語るようになった。たとえば、2001年には生活情報誌『ESSE』が「パパたちが語るおもしろ子育て論」という10ページにわたる特集記事を組み、4人の有名人男性を同時に登場させた[10]。身近なタレントが「個人的なこと」として等身大かつ具体的な体験談を語るのがこの時期の特徴だ。

日本の父親のあるべき姿を論じるのではなく、「我が家の子育ての基本」「オレ流」「ボク流」「ボクの子育て」「5児のパパの大奮闘」「理想の父親像なんて最初からない」「体験的子育て論」など、読者と同じ目線で個人的な経験を共有しようとし、「おもしろ子育て論」「肩の力を抜いてつき合っていきたい」など、子育てを楽しもうとする姿勢が見られる。

「かくあるべし」論と、それに対する対抗言説へのニーズ

この時期、「新しい父性の必要性」「新しい時代の父親像」など、時代の変化をふまえながらあるべき父親像を示す言説も存在した。その代表的な論者は作家の鈴木光司である。『パパだからできる!』という彼の著書のタイトルやインタビュー記事タイトルの「父親にいま何ができるか」「日本の父親は」「〝男としての力〟」といった表現からわかるように、1980年代と同様の大上段に構えた父親論である。「親父にしかできない教育とは!?」「ニッポンの父に訊く」「父親のあり方が問われる」など、天下国家を論じる表現が多用されている。

このような「かくあるべし」という育児言説に対抗する言説を出発点として1990年代に「共感型」の育児雑誌が出てきた、と石黒万里子は指摘する。[11] 石黒によると、当時の子どもを持つ女性向けの雑誌は、母親たちが「子供ができてはじめてわかる」感覚を共有する場となっていた。また、そこには母親たちにとってのあるべき父親像や育児における男女協働スタイルが理想像として共有されていた。[12]

有名人パパが女性向けの雑誌で、理屈でなく自分の経験を通じて父であることを実感し、楽しもうとする姿勢で子育てを語り始めたが、彼らが母親向けの「共感型」の雑誌という場

で期待された役割は、「父性の復権」論者のようなマッチョな思想にもとづく父親論を否定し、女性にとって理想的な父親像を具現化することだった。彼らは「素敵」とおだてられながら、その期待に応えた。

5児の父でありながら、家族論を「初めて語った」のが2001年という俳優（哀川翔）がいたり「どんなパパぶり？ 教えてください」というタイトルの記事で、近年は子煩悩で知られる有名人（薬丸裕英、関根勤ら）がこの時期、初めて「父」としてのインタビューに応じていたりする。**図5**に示されるように、2000年頃から雑誌で子育てを語る父親が増え、父親インタビューの第1期ブームといえる状況が到来した。

（3）2006年以降――イクメンプロジェクトを機に、語りたがる父が増加

2006年からの10年間は、その前の10年間に比べ、大宅文庫の「子育て」に関するインタビュー記事の件数が倍増している（354件→734件）。この10年間のインタビュー記事全体の件数はそれ以前の10年間に比べ、1・4倍（約17万件→約24万件）になっているが、「子育て」に関するインタビュー記事の増加率（約2・1倍）は、それを上回る。この時期は、少子化が誰もが知る社会問題となっていたことがその要因だ。

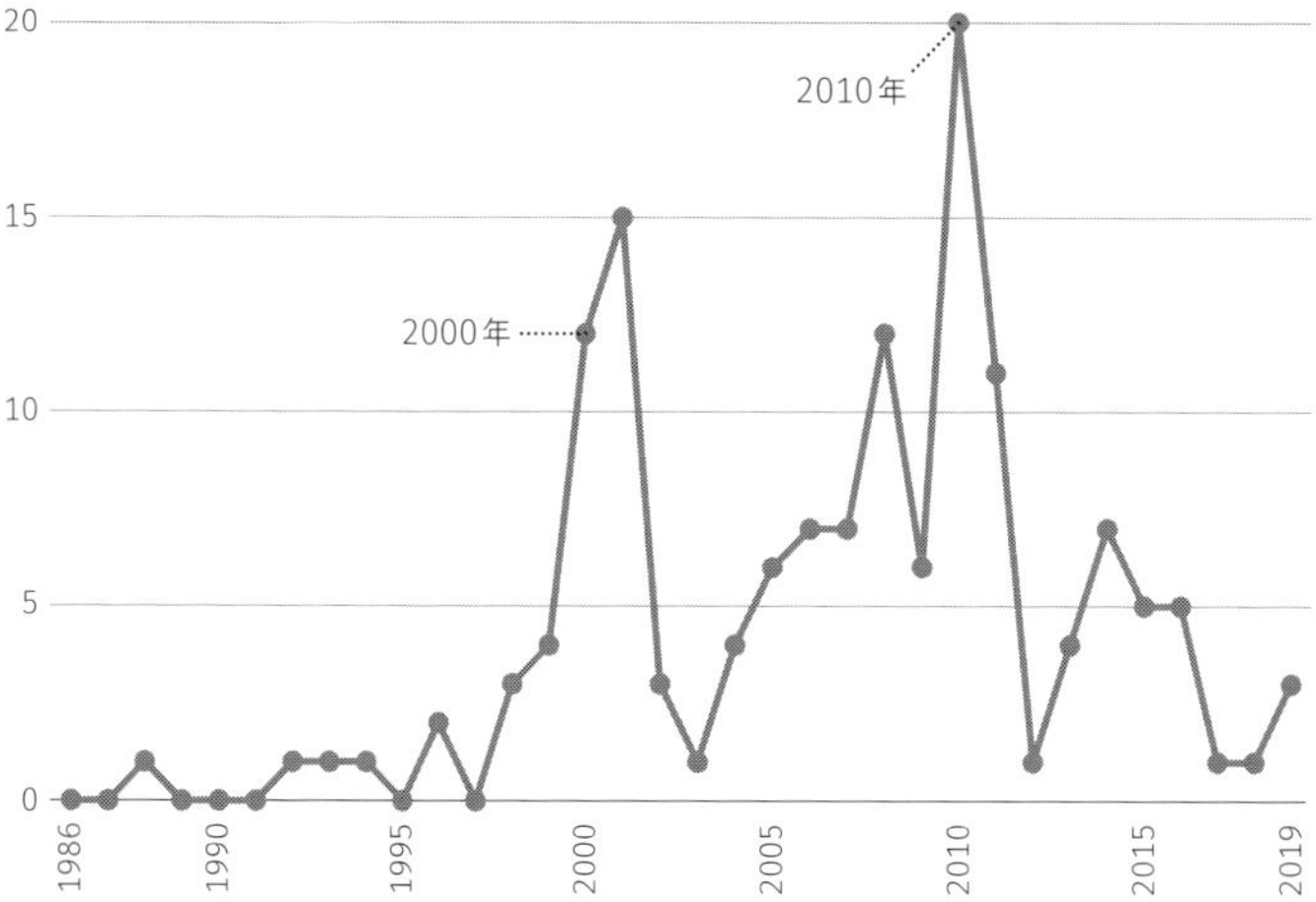

図5　父親インタビューの第1期・第2期ブーム
Web OYA-bunkoで「子育て」と「パパまたは父」というキーワードを含むインタビュー記事の件数を1年ごとにまとめた結果

子育てインタビューを掲載した雑誌のジャンルや点数も増えている。2005年までは、大宅文庫採録の女性向けの雑誌で父親インタビューを掲載していたのは、一部の生活情報誌と女性週刊誌のみだった[13]。2006年以降は、父親インタビューを掲載する生活情報誌の数が増え、ファッション誌、ライフスタイル誌など、独身女性を対象とするものも含めたさまざまな女性向け雑誌[14]に父親のインタビュー記事が載っている。

イクメンプロジェクトの始動は2010年だが、2008年頃にはすでに「どうなの？〝子育てパパ〟ブームって」[15]という雑誌記事があるほど、「ブーム」といわれる状態が存在していた。2005年から2006年には父親向け新雑誌4誌の創刊（3章参照）、2007年のNPO法人ファザーリングジャパンの設立、２００８年開始の「子育てパパ力《ぢから》検定」などがその兆しである。

２０１０年に「イクメンプロジェクト」が始まり、このジャンルの隆盛化が顕著となった。同年６月発行の女性週刊誌では「有名人パパ15人の「イクメン」日誌！」という特集が組まれ、さまざまなジャンルの数多くの男性有名人が「有名人パパ」「イクメン」として紹介されている。同じ記事の中で父であることを語る人物の人数が増え、語り手の父親の職業が多様化している（若手俳優、タレント、漫才師、大相撲力士、作家、ＮＰＯ団体代表者、歌舞伎俳優、歌手、モデルなど）。直前の10年間に比べ、語り手に多様性が見られ、さまざまな年齢や職業の有名人が父として子育てを語るようになった。図５に示される第２期ブームである。

育児を楽しむ夫がいることは女性の幸福の条件

２０１０年代の雑誌で父親が語っている内容は「親が楽しく生きてる姿を見せる」「楽しんで！いまが〝子育て黄金期〟」「楽しく沐浴」など、自分自身が楽しみたいというスタンス、「子供の成長を実感できる」「ものの見方を学べる」という自己や子どもの成長への期待、「全ては妻のため」「好きな人を幸せにする愛情表現」という、妻や子どもを喜ばせるための献身的な姿勢など、多様性がある。

特に女性向けの雑誌では、父親を褒めたたえる表現が目立つ。「子育てをちゃんと語れる男前」「ナイスパパ」「理想のベストファーザー」「理想のパパ」「今どきパパ」など、さまざまな褒め言葉が用いられている。女性向けの雑誌で父としての役割を語る男性が「理想の夫」として称揚される傾向が強まり、育児を楽しみ、妻や子どもを大切にする夫を持つことが女性にとっての幸福の条件となりつつある兆しが見える。

パパタレ、イクメンタレントの登場

2010年の時点で「パパタレ」と呼ばれるタレントが存在し、女性向け生活情報誌で、「パパタレ家族日記」という連載が始まっている。[16] また、「イクメンパパたち」「イクメン生活」など、「イクメン」の呼称が記事でたびたび用いられる。「イクメン」「パパタレ」と呼ばれるにふさわしいイメージを持つ男性が複数いることが前提の語られ方から、父親へのインタビュー記事の定番化がうかがえる。

この時期、「子どもを持つことは社会のために良いことだ」という価値観が共有されるようになって語り手が増え、自らの子育ての実感にもとづく感想や日常生活のできごとを語ることが「私ごと」扱いされず、むしろ社会的な関心事として歓迎されるようになった。公人であってもプライバシーは尊重されるべきという意識も高まり、本人の同意を得ずに家族に関する記事がゴシップ的な扱いで雑誌に掲載されることは、ほとんどなくなった。

１９９０年代前半頃までは何かを成し遂げた人物が「先輩パパからのメッセージ」として上からメッセージを与える形が中心だったが、２００６年以降は「頑張る〝新米パパ〟」として、読者の方がベテランとして今後の奮闘を見守るスタンスのものもある。育児に役立つアドバイスを彼らに求めることはできない。リアルタイムで育児にかかわる当事者として、家族のストーリーを語るという役割が期待されていると考えられる。

「ママだけど……」という役割規範への抵抗

義務から権利へのシフト

雑誌のなかの父親像の変化を振り返ってきたが、母親像の変化も見ておきたい。既婚女性が読む雑誌の盛衰は、女性の興味関心や理想とされる女性像の移り変わりを反映している。女性の専業主婦化が進んだ高度経済成長期は『主婦の友』『主婦と生活』『婦人生活』『婦人倶楽部』という4誌が多くの読者を獲得していた。これらの雑誌は妻や母としての役割を果たすために役立つ家事や子どもの教育、節約などの情報を扱っており、家計簿を付録とする正月号は人気が高かった。しかし、「主婦」「婦人」という属性を名称に用いた雑誌は1970年をピークに発行部数が減少し、80年代後半から休刊が相次ぐ。「社会的使命を完遂した」とし、『主婦と生活』が1993年に休刊した後、2008年まで続いた『主

創刊年	雑誌名	発行元	読者の年齢層	キャッチフレーズ
2005年	Rumina	角川書店	（データなし）	おしゃれに前向きママの「きれい」と「笑顔」を応援！
2005年	nina's	祥伝社	27歳	母になってもCute&Cool
2005年	biz-mom	ベネッセコーポレーション	20～30代が9割	働く、育てる、暮らす。いろんな私を楽しむ
2006年	SAKURA	小学館	30.7歳	ハッピーファミリーのためのママ＆キッズファッションマガジン
2008年	I LOVE mama	インフォレスト	20～27歳	オンナもママも全力で楽しみたい。最強ママBOOK
2010年	MAMA& KIDS GLITTER	トランスメディア	（データなし）	キラキラ輝くおしゃれママ＆キッズファッションマガジン
2012年	Neem	徳間書店	28～35歳	ポリシーあるママのライフスタイル誌
2012年	mama GISELe	主婦の友社	30歳前後	（なし）
2012年	mama girl	エムオン・エンタテインメント	30歳前後	ママだけどガールだもん♪ おしゃれも子育ても楽しんでいこうよ。“初めてママ”のためのファッション誌
2012年（既存誌の新装刊）	Grazia	講談社	42歳	ワーキングマザーがいちばん楽しい！

表5　母親向けファッション誌・ライフスタイル誌の一覧

婦の友』の休刊で、4誌は全て消滅した。それと入れ替わるかのように、2000年代に入り、「ママ」「母」「マザー」などの言葉をタイトルやキャッチフレーズに用いる雑誌が続々と登場した(表5)。「主婦」「婦人」でなく「母」という属性にアイデンティティを持つ女性が現れ始めたことを示している。

落合恵美子[17]は1980年代の主婦向け雑誌を分析し、PTAファッションのような「主婦らしい主婦」をイメージする服が掲載されなくなり、役割規範への抵抗がみられると述べた。2005年以降の母親向け新雑誌においては、「ママ(母)だけど○○」「ママ(母)になっても○○」などとし、「ガール」「ギャル魂」「ラブリー」「キュート&クール」など、自らの嗜好を続けることを提案する形で役割規範への抵抗がさらに明確に示されている。

「ママだけど、ガールだもん♪」(『mamagirl』創刊号)

「ギャル魂を持つママたちの新時代の幕開けです♡」(『I LOVE mama』2009年5月号、表紙)

「母になってもCute&Cool」(『nina's』2007年春号、表紙)

「結婚しても、ママになっても、一生ラブリー宣言!!」(『mamagirl』vol.1)

「いとしきママライフ、もっと私らしく!」(『Neem』創刊号)
「キーワードは『私らしさ』」(『biz-mom』創刊号)

各誌が提示する女性像は、母として望ましいとされてきた役割規範にとらわれず、「自分らしさ」を引き続き追求していくスタイルを推奨しており、母という新たな属性を獲得したことを楽しもうと提案する傾向が強い。とはいえ、ボードリヤールがいうように「自分らしさ」というものには正しい答えもゴールもなく、千差万別で、目に見える形を示すことは難しい。そこで、「ママタレント」「ママモデル」といった人々が伝える非言語的なビジュアル・イメージが、「自分らしさ」を探すヒントとして求められると考えられる。

これらの雑誌では、料理や節約、収納(インテリア)、子育てといった家事や育児の情報も扱うが、自分自身のファッションやライフスタイルに関するページが占める比率が高い。各誌ともに記事に有名人が登場してプライベートについて語り、写真を公開し、子どもとゆっくり過ごすことの幸せを強調している。子どものためにそれが望ましい、という語られ方ではなく、どちらかといえば「自分がそうしたいから」という語られ方である。育児の忙しさやストレスといったネガティブな情報は避けられ、子どもと過ごす時間を楽しむ余裕を持つ女性が幸せな母親像として描かれている点が、複数の雑誌に共通する特徴だ。

表紙にはいずれも人物の写真が用いられているが、育児中のタレントやモデルである事例が大半である。ビジュアル・イメージのみならず、実際に子育て中の彼女たち自身の生活や考え方までもが参照されている。

母になることで自分自身が輝く

「自分らしさ」に次いで目立つ表現は、母になったことで自身が「輝く」というものである。女性のライフコースの多様化を背景とし、明確な規範の提示はせず、どのような生き方も認める使い勝手の良いキーワードとして「輝く」という言葉が使われているふしもある。とはいえ、現代の女性にとって「母になる」という行為は義務ではなく、自ら選択し新しいアイデンティティとして獲得する生き方であり、母として充実した人生を送っている（ように見える）女性たちが憧れの対象とされている。それを示す具体的な言説の例は以下のとおりである。

「ママになって、女性として一層輝きを増しているSAKURAモデルのみなさん。ママになることの素晴らしさ、楽しさを体現している彼女たち」(『SAKURA』2011年春号)

「ママになることは、最高にハッピーな出来事!(中略)自分らしく頑張るママは、キッズから見ても、きっと輝いているはずです」(『mama GISELe』創刊号)

「人生に訪れた変化の波をしなやかに乗り越えながら、女は、いっそう輝くことができる」(『Grazia』2012年5月号)

「あなたのいとしきママライフが、もっともっと輝きますようにと願いを込めてお届けします」(『Neem』創刊号)

表5の雑誌のうち『SAKURA』(小学館、2006年創刊、2011年定期刊行化)は「Hot mama」のためのファッション誌と銘打っている。同誌のマスコミ向けのプレスリリースによるとHot Mamaとは、アメリカでベストセラーになった自己啓発書からの引用で、「ママになってさらに素敵に輝いている女性を表現する代名詞」だという。「アラサーの女性たちは〝母親になる〟という生き方を選び、ママになって一層輝いています」と同誌は煽る。

アメリカでは今世紀に入ってから、高学歴女性の間に主婦回帰の流れが起こっているとの報告がしばしばみられる。2003年頃にキャリア層の女性が仕事と家庭のコンフリクト状態を解消するために仕事を辞め母親業に専念した事例をThe New York Timesなどのメディアが「画期的で新しい生き方」と報じたことをジョアン・ウィリアムズ[18]は批判する。経済的にも恵まれた女性のみが可能な数少ない事例であるにもかかわらず、自ら身を引く「撤退ストーリー(Opt-Out Story)」を「革命的」として美化し、大きく取り上げたことが批判理由だ。母になることを自己犠牲ではなく「好機」として「自ら選ぶ」という自己選択を雑誌が過剰に美化する構造は、ウィリアムズが命名した「撤退ストーリー」と一致するものである。

近年ではマッチャー[19]が、選択の余地がなく専業主婦になった昔の専業主婦とは異なり、会社を「選択的に離脱」したと主張する高学歴女性たちの事例を紹介し、論争を呼んだ。マッチャーの著書に登場する女性たちは、企業社会で燃え尽きた母親世代を反面教師にし、法律事務所で働くより自宅でカップケーキを焼くことを選ぶなど、家庭作り(Homemaking)に「仕事で得られなかったやりがい」を見出している。また、自分たちはソーシャルメディアを使って自作の手芸品を売るなど、社会との接点や収入源を持つことができ、「会社に使われない創造的な生き方」をしていると主張している。

インターネットが普及していなかった頃は、既婚女性向けの雑誌が仕事で自己実現した女性の事例を扱う場合、高収入な夫に支えられ、自宅で習い事を教えるサロンをしたり自分の店を持つといった趣味的な仕事がそれらの多くを占めていた。その後、状況は激変し、経団連の呼びかけで、多くの大企業が新型コロナ感染症拡大防止策としてテレワークを実施（実施予定を含む）するなど、オフィスに行かなくても専門的な仕事ができる労働環境が整いつつある。スキルやセンスを生かし、個人事業主や起業家としてキャリアを追求する働き方も可能になった。子どもと離れて職場に出勤し、長時間家を空けるという男性的な働き方にコミットしなければ女性がキャリアを達成できない時代ではなくなったいま、「会社に使われない生き方」を志向する高学歴女性を一概に「保守化」と批判することはできなくなっている。

２００８年に休刊した『主婦の友』では、母親向けの新雑誌が続々と創刊され始めた頃にも「私のいちばんの仕事は主婦であり、母であること。これはほかのだれにもかわってもらうことはできません」「〝家事をおろそかにしない〟ための1日4時間パート」「パートにでることは自分で決めたことだから、家族に迷惑をかけたくない」「せっかくの新築マイホームなので、仕事を始めても家事に手を抜くことだけはしないと心に決めていました」「家庭に負担をかけないことが第一条件」など、旧来の主婦・母親規範を強調する語りがみられた。

「主婦」「婦人」を誌名に含む雑誌においては、子育て中の女性が職に就いたり家を空ける経験が語られる際に、家計を支えるためであっても「家族に迷惑をかける」とためらったり、働きたいという自らの願望に「ワガママ」という自己批判が添えられがちであった。これに対し、新雑誌は「子育て」と「自分の生き方の追求」を両立できるものとし、「自分らしく生きたいから母になることを選ぶ」「母となって輝く」という論調で、既婚女性向け雑誌の世代交代が行われたことを改めて感じさせられる。

母親向けの新雑誌群が子育てを母親にとって価値のある行為と意味づけている点は、「主婦」「婦人」向け雑誌の時代から変わっていない。しかし、母となり子どもを育てる行為が自己犠牲を伴う義務でなく自己実現の可能性を広げる魅力的なオプションとして語られている点が、メディアが規範化し女性たちに支持される生き方の変化を象徴している。

column 02

「うちのオカン」は定番の素材

「うちのオカンが好きな朝ご飯があるらしいんやけど、その名前忘れたらしくて。オカンが言うには、甘くてカリカリしてて牛乳とかかけて食べるらしいねん」

漫才のコンクール「M－1グランプリ」で優勝したミルクボーイのネタは母親の好きな食べ物の特徴をヒントに、その名前を推理するというパターンだ。

落語の「おかみさん」と同様に、漫才で「オカン」は定番の素材だ。オカンは、横文字やITに弱く、おっちょこちょいで噂好きでお節介だったりする。それが暗黙の了解とされ、誰も傷つかず、安心して笑えるキャラクターだ。〝オトン〟よりも登場の頻度は高い。

中川家の「パートから帰ってきたオカン」は、「お弁当に入れたお好み焼き、好評だったろ?」とドヤ顔で聞いたり、お小遣いを要求する子どもに「アンタはカネ、カネ、カネ、カネって……」とブツブツ言ったり。ずっと喋っているが、急に真顔で黙ってテレビを注視したり、「いまから出かける」という子どもに「ごはん食べて行きなさいよ!」とキレ気味で言ったり。自分を見ているようで、ウザさに反省した。

朝ドラヒロインが子どもから少女となり、仕事をし、恋をし、子どもを産み育て、苦労を重ね、多少の物事には動じない図太いオカンへと成長を遂げる姿は、仲間意識や安心感を与えてくれる。

うちの娘は、幼少時は毎日「ママ大すき」という手紙をくれたが、小学校高学年頃からムスッとし始め、高校生になると「オカンがブチギレてるw」とツイッターで私の悪口を書くなど、順調に成長を遂げた。進学で家を出てからは、最初は1日に数十回連絡してきていたが、最近は時々「わかりました。ありがとうございます」など、他人行儀な伝達事項が届く。元気で幸せならそれで良い。皆さんのオカンもそう思っているだろう。

私から見た「うちのオカン」は、時々うちに来ては事件を起こす。①しょうゆ差しにバルサミコ酢を入れる(このお刺身、酸っぱいわ……と思ったら、バルサミコ酢かよ!)②シャンプーの容器にボディソープを入れる(髪がパサつくと思ったら……)③泡が出るハンドソープの容器に泡が出ないハンドソープを入れる(満タンなのに、押しても出ない!)などがあった。

最近は、白内障の手術で、人工水晶体を目の中に入れたそうで、光の加減によってピカーッ!とメカニックな輝きを放ち、「アイルビーバック」と言いそうな感じになっている。会話が成立しづらいのもターミネーターっぽい。全身ロボ化してもいいから長生きしてほしいな。

3　エンタメコンテンツとしての家族のストーリー

家族を問い直すメディア作品への社会的な注目

2010年代、朝ドラは20%台を維持する「みんなのコンテンツ」に

1950年代にラジオで放送された「君の名は」は、銭湯から人が消えると言われたほど人気が高かった恋愛ドラマだ。その後、1990年代にはフジテレビの月曜夜9時からの枠が「東京ラブストーリー」や「ロングバケーション」など、恋愛ドラマのヒット作を多数生んだ。しかし、近年は視聴者のテレビ離れの中でも特に〝恋愛ドラマ離れ〟が指摘される。

それに対し、NHKの連続テレビ小説（朝ドラ）は、一時期は視聴率の低迷が続いたものの、2010年の「ゲゲゲの女房」を機に復調傾向が見られ、ドラマの中でも最も視聴率が高い枠となっている。朝ドラの「復活」や「一人勝ち」状態を論じる本[1]も複数刊行されている。夜に比べ、時計代わりのリアルタイムの視聴が習慣化しやすい時間帯であるが、直後の

情報番組「あさイチ」で司会者が感想を述べる「朝ドラ受け」までを一連の習慣として楽しむファンも多いようだ。ＳＮＳの普及で「あまちゃん」（２０１３年）の「あま絵」など、登場人物の似顔絵を描いてネットに投稿したりハッシュタグをつけて感想をつぶやく「みんなで楽しみ、語り合う」という視聴スタイルが生まれたことを『みんなの朝ドラ』の著書・木俣冬は指摘する。家族と感想を共有したり、ドラマの評判を気にして自分の感想が周囲とズレていないかを確認したいと考える視聴者もいると[2]いう。

なぜ人々は朝ドラをネタとして語りたがるのだろうか。ＮＨＫは以下の見解だ。

「人々はテレビ小説の主人公やその家族の幸・不幸に一喜一憂しながら、半年や1年を過ごす。それはまるで、テレビ画面のなかに知り合いや親せきがあるようなものだ」

（ＮＨＫアーカイブス　ＮＨＫ名作選　みのがしなつかし　連続テレビ小説）

キャリアアップや挫折、苦労を描く「女の一代記」的な側面もあるが、ヒロインをとりまく親、きょうだい、祖父母などの家族との関わりや、パートナーと出会い、新しく作る家庭での支え合いなど、家族の人間模様が中心的なテーマとなっていることも、朝ドラの人気を支える大きな要因と思われる。

この章では、家族をテーマとする作品が社会的な評価や注目を集める現象を考えたい。

是枝作品が描く「家族になる、家族をする」

2010年代は、家族を自明なものとせず、家族とは何かを問い直すメディア作品が数多く作られ、社会的な注目や評価を受けるようになった。とくに、是枝裕和監督の一連の作品は家族のあり方を中心的なテーマに据え、国内外で高く評価されている。

2004年の『誰も知らない』は、出生届が出されず、母親から置き去りにされた子どもたちがいたという実際の出来事をもとにしている。虐待やネグレクトを受ける子どもがいても、家庭が密室化し他者の介入を拒絶している場合、公的な救いの手が届かない。〈公〉〈私〉が分離するなかで、〈私〉領域の人的リソースだけではケアの機能を十分に果たせない状況は、この事件だけでなく、育児や介護の必要性が生じた家庭に起こりうるリスクである。子どもは愛情を注いで育てるものだ、という規範を守り、養育責任を果たす親ばかりではない。どんな親のもとに生まれ育つかという「運」が、子どもたちの人生を左右するが、運命だけで片付けるべきではない。本当に「誰も知らなかった」のか、子どもたちを助けることはできなかったのか。家庭が聖域化し、他者の干渉や介入が難しくなっているなかで、弱者はいかにして守られるべきかを問いかける作品だ。

『そして父になる』（2013年）には、出産のときに病院で看護師によって取り違えられた子どもを育ててきたふたつの家族が登場する。主人公のエリートサラリーマンは、それぞれの子どもを本来の親の家で育てるべきか、それとも育ってきた家で一緒に暮らすべきかで悩む。ネタバレになってしまうが、「父になる」というタイトルには、自分が実の父ではなかったという事実を受け止めたうえで、血縁を超え、改めて「父」となることを選ぶ主人公の決意がこめられている。日本では養子縁組は少なく血縁が家族の条件として重視されているが、私たちはそれにとらわれ過ぎているのではないか、と考えさせられる。

2015年の『海街diary』では、父の死を機に、三姉妹が腹違いの妹を新しい家族として迎え、同居する。家族を捨てた父を許せない長女や、自分の母が姉たちの家庭を壊したことに苦悩する四女らが、家族や出自にまつわる葛藤を抱えながら「本当の家族になるまでの一年間を描く」と予告編で語られるとおり「家族になる」プロセスを描くストーリーだ。

カンヌ国際映画祭で最高賞（パルム・ドール）を獲得した『万引き家族』（2018年）は、親が亡くなった後も年金を不正に受給し続けていた家族の存在に着想を得たものだという。事情を抱えた人々がひとつ屋根の下で共同生活を営んでおり、タイトルどおり、子どもに万引きをさせて食べ物や生活用品を調達するという困窮ぶりで、経済的な余裕はない。しかし、虐待やネグレクトをされていた子どもを保護し、家出中の女子高生を預かるなどし、大人数で暮らしている。貧しいながらも明るい雰囲気で、子どもをハグして安心感を与えたり海水浴に行くなど、楽しい時間を共有する様子も描かれる。

『万引き家族』は、血縁関係がなく、戸籍や住民票などの届けも出さず（訳ありで出せない）、公的には家族として認められていない人々が「家族をする」というストーリーである。また、してもネタバレになるが、捜索願を出されている子どもの誘拐容疑や万引き、窃盗などの犯罪がばれ、彼らは離散に追い込まれる。社会規範から逸脱した疑似家族であるが、子どもを守り、育てていた。しかし、実の家族のもとに戻された子どもはまた虐待を受ける。血がつながった戸籍上の家族と一緒に暮らすことが唯一の正解であり幸福な生き方とはいえないと考えさせられる。

「家族」という言葉が邦画のタイトルや宣伝文に頻出

パルム・ドール賞の受賞作『万引き家族』『パラサイト 半地下の家族』は、舞台となる国は異なるが、いずれも社会的な格差が拡大するなかで貧困に苦しむ家族を描いた作品である。『パラサイト 半地下の家族』は無職の貧しい家族が裕福な家庭に寄生して暮らす韓国の映画で、原題は「パラサイト（寄生）」である。『パラサイト』と同じ年にパルム・ドールを争ったイギリス・フランス・ベルギーの合作映画『家族を想うとき』の原題は“Sorry We Missed You”で、「ご不在中につき、配達できませんでした」といった意味の、宅配業者の不在通知に用いられる表現だ。2作とも、邦題にだけ「家族」がついている。

『家族を想うとき』の主人公夫婦は、家族のためのマイホーム購入を目指し、休みなく働くが、家族が過ごす時間が奪われ、子どもたちは寂しさを募らせる。「いったい何と闘えば、家族を幸せにできるの?」「美しく力強い家族の絆」とポスターに書かれている。

また、「忘れられない味で僕らはもう一度、家族になった。」というキャッチコピーを用いた2019年公開の映画『最初の晩餐』は、再婚者同士が連れ子と共に暮らし、新しい家族を作っていくステップファミリーの映画である。父親が亡くなり、残された家族は、通夜ぶるまいに出される思い出の料理を一皿ずつ味わいながら、家族になった日からの歴史や隠されていた秘密を知る。同じく2019年の映画『ひとよ』は、DVから子どもを守るために夫を殺し、犯罪者となった母が成人した子どもたちのもとに戻ってくる物語である。「壊れた家族は、つながれますか。」というキャッチコピーが示すように、破綻した家族関係の再生がテーマとなっている。

非典型家族や同性愛者を描くドラマの急増

10～11ページに過去10年間の代表的な家族のドラマや映画をリストアップした。それらを分類すると、ほとんどが以下の系統のいずれか（あるいは複数）にあてはまる。

1　家族になる（家族ではない人々が家族になろうとする）
2　家族の再生（他者の介入や事件を機に家族関係の再構築が図られる）
3　若者の自立（親に寄生する成人の子どもが自立を目指す）
4　社会問題の提起（家庭を舞台に格差拡大や新自由主義などの問題を描く）

5 家族の多様化（LGBTやひとり親、義理の親子など非典型家族を描く）
6 家族の意味を問う（結婚制度や家事労働、血縁関係について問題提起）
7 脱・恋愛（男女の結婚でなく姉妹愛や非血縁者同士の情愛などに主題が変化）

独身の30代男性が、親友の死により双子を引き取って育てる「マルモのおきて」（2011年）は「家族になる」ストーリーだ。主人公は「オレたちは家族だ」と宣言し、子どもたちと共に家族のルール（おきて）を決め、それをノートに書きながら、関係を作っていく。

大企業で管理職に就くほど仕事はできるものの、不器用でコミュニケーション能力が低めのバリキャリ女性が、継子と暮らすなかで「親子」となっていくプロセスを10年というスパンで描いた「義母と娘のブルース」（2018年）も、高視聴率を記録し、2020年にスペシャル版が放映された。これも「家族になる」話で、非典型家族を描いている。

「結婚すれば給料を払わずに私をただで使えるから合理的」「それは『好き』の搾取です。好きならば、愛があれば、いいんでしょうか。愛情の搾取に、断固として反対します」。これは「逃げるは恥だが役に立つ」（2016年）の主人公が、家政婦として家事を行えば報酬が発生するが、結婚し家族になると「愛情」という名のもとに行われる無償労働に変わることに対して異議を唱える場面での台詞だ。プロポーズをハッピーエンドとせず、話し合って納得のいく夫婦のあり方を模索するという展開は、既存の恋愛や結婚を描くドラマの枠を打ち破るものであった。このほかにも、事実婚、非婚、晩婚、LGBT当事者の葛藤、シングルマザーの貧困といった家族を取り巻く社会問題を盛り込み、ヒットした。

2016年の「おっさんずラブ」のヒット以降、同性愛者が登場するドラマが増加している。セクシュアルマイノリティの生きづらさを描く『ボヘミアン・ラプソディ』(2018年)の大ヒットも、その流れに拍車をかけたようだ。「隣の家族は青く見える」(2018年)は、コーポラティブハウスに住む夫婦のそれぞれの事情や望むものの違いを描いたものだが、子どもが欲しくて妊活に励む夫婦、事実婚で子どもを持つことを望んでいない夫婦、仮面夫婦に加え、親戚同士を装う同性愛カップルが登場する。

とくに2019年4月期のドラマはLGBTを扱うものが多く、40代のゲイカップルの食卓を中心に日常生活を描く「きのう何食べた?」、女装した教師が主演する学園ドラマ「俺のスカート、どこ行った?」、ゲイであることを隠している男子高校生とボーイズラブ好きの女子高校生の恋を「腐女子、うっかりゲイに告《コク》る。」などがある。

ハリウッド映画の新旧のヒーロー

欧米では、メディアと家族に関する領域横断的な研究への関心が高まっており、それらの多くが21世紀のポピュラー文化で「父性」が強調されている傾向を指摘している。

家族研究の専門家たちが『父性の脱構築：ポピュラー文化の中の父親イメージの変化』と題する本[3]を2015年に刊行したが、そこには映画、テレビドラマ、雑誌などのポピュラー文化の中の「進化する父親」に着目したさまざまな研究成果が収められている。新しい父性をめぐるムーブメントや、若い視聴者が期待するコミカルな父親像、子どもの健康への父親の関与を雑誌の内容分析を用いて明らかにしようとするものなどがある。

アメリカの映画における父親のありようを研究し、2003年に『現代のアメリカ映画にみられるポストフェミニズムと父性』[4]という著書を発表したハンナ・ハマドも、欧米のメディア研究で映画やテレビドラマなどの登場人物の理想的な男性性の概念やジェンダー役割の文化的な表現の変化が議論の対象となっていることを指摘する。ハリウッドでは近年、父親像を描く映画がいずれも良い興行成績で、それはそれらの作品に描かれる男性像が新しい覇権的な男らしさの条件として台頭していることを意味するという。論拠として彼女が示した数多くの映画から、代表的なものをいくつか挙げておきたい。

70〜90年代のハリウッド映画に登場する「父」

1979年公開の『クレイマー・クレイマー』は、ポピュラー文化で父性とフェミニズムを描いた最初の作品で、子煩悩な父親が賛美されるきっかけになったといわれる。家事ができない父親の奮闘をコメディとして描くことで、不器用ながら細やかな気遣いで子どものケアをする父親を賛美し、アメリカ映画における新しい父親像の方向性を示したとされる。フレンチトーストを真っ黒こげにするなど、家事や育児がうまくできない描写がユーモアとして形づくられている時点で、私的領域の無償労働は父親の本来の仕事ではないことが暗黙の了解となっている。

従来、育児や介護は私的領域で女性が担う無償労働と見なされ、男性の本来の仕事ではないものとされてきた。そのため、男性がそれらを行う場合、不慣れで不器用であることが織り込み済みで、家事や育児に奮闘する父親の様子がコメディタッチで描かれてきたわけだ。

　離婚で養育権を失った子煩悩な父親が子どもたちに会うために女装して家政婦となり、家庭に潜入する『ミセス・ダウト』（1993年）も、元妻に正体がバレないよう右往左往するドタバタ劇が見どころのコメディ映画である。主人公は、子どもと遊んでばかりで、家計を支えるためフルタイムで働く妻に家事を丸投げしていたため、愛想を尽かされ、子どもたちに会えなくなってしまう。彼は、家政婦となった後も元妻の恋人に嫌がらせをするなどクセのある人物だが、それまでの態度を反省し、家事に初めて真剣に取り組み始め、元妻をサポートし、家族を笑顔にする存在となっていく。自分の過ちを悔やみ失った家族を取り戻そうと努力する主人公に、観客が感情移入する筋立てになっている。そのため、「父親と子ども」対「母親と恋人」の対立図式になっており、見る側は、エリートで欠点のない元妻の恋人よりも、欠点も多いが愛すべき人物である主人公を応援し、壊れた家族の再生を見届けたいという気持ちにさせられる。

　1990年代には、ハリウッド映画で主人公の父性が重要な要素となる作品は、コメディのみならず、アクション映画や冒険映画などのジャンルにも広がった。アーノルド・シュワルツェネッガー主演の1990年の映画『キンダーガートン・コップ』は、子ども嫌いの刑事が捜査のために保育園に潜入し、園児たちとの絆を深めていくストーリーである。シュワルツェネッガーは、1991年の『ターミネーター2』で、命を狙われた少年を警護するために未来から送り込まれたサイボーグを演じた。ターミネーターはプログラミングされたとおりに少年を守り、父親のような頼れる存在としてふるまっていた。少年の母は「ターミネーターは常にジョンのそばを離れないし、彼を傷つけることはない。これまでにも父親候補者はいたけど、このサイボーグが最もふさわしかった」と語る。

また、『めぐり逢えたら』（1993年）はラブストーリーだが、子育てに悩む繊細な父親が主人公の相手役となり、ヒットした。これ以後、母親不在の家庭における父親のメランコリーや「ひとりぼっちの父性」がハリウッド映画でよく使われるモチーフのひとつになったとされる。

21世紀のヒーローの条件＝家族を大切にする男

複数の研究者が指摘するところによると、子どもを守ろうとする強さに加え、優しさ、繊細さを併せ持つ男性像が好まれる傾向は21世紀に入り、さらに強調されているようだ。ハマドは、この流れを汲む最も重視すべき作品は、『皇帝ペンギン』（2005年）であるという。ストイックで愛情深い父とヒステリックな母親を対照的に描き、父と子の絆を強調し、母親を周縁化した立場に置いたこのフランス発のドキュメンタリー映画が、ハリウッドで家族に対する好まれる規範や商業的に受け規範化される父親像の方向性を変えたというのが彼女の主張だ。

2012年のアクション映画『プレイス・ビヨンド・ザ・パインズ／宿命』は、天才的な腕を持つバイクライダーが予期せず父となる筋書きだ。タトゥーが入ったたくましい腕で赤ちゃんを抱き、哺乳瓶でミルクを飲ませる男性の写真がポスターとして用いられている。マッチョな雰囲気だが、子どもの写真を持ち歩く子煩悩な父親という設定である。主人公は「子供のためにカネがいるんだろう」とそそのかされ、「あの子の父親として贈り物がしたい」と犯罪に加担する。子どものために自己犠牲を払い苦悩する父親像だ。正義のために戦う正統派のヒーローではなく、社会規範から逸脱したダークヒーローが主人公だが、そこでも「父」という属性を強調する傾向が見られた。

これもハマドの指摘だが、ハリウッド映画では、社会の崩壊、天変地異、自然災害といった人知を超える恐怖に際し「強い男が弱い女子どもを守る」という描写が伝統的で保守的な男らしさの権威を復権させることにつながっているという。

顕著な例といえるのは、同時多発テロ事件以降、人々の不安の高まりを反映し、地球の危機を救うスーパーヒーローの映画が好まれ、続々とシリーズ化されたことだ。『スパイダーマン』シリーズ（2002年、2004年、2007年）、『バットマン』シリーズ（2005年、2008年、2012年）といった作品の人気がそれを裏付けるものとされる。

災害やテロのほか、組織的な凶悪犯、近未来のディストピア、モンスターやエイリアンの攻撃、ウイルス兵器といった生命を脅かす危機を「父親らしさの物語（Paternalised Narratives）」と結び付け、家族を父親が救うストーリーは、近年、興行的に人気が高いという。王道パターンを挙げると、主人公は、かつては敵なしと言われた強い男だが、その世界からは足を洗い、いまは愛する家族と平穏に暮らしている。しかし、家族を人質にとられるなどし、巨悪に立ち向かう羽目になり、仕方なく腰を上げて、久々に本気の戦闘モードに入る。多少苦戦はするが、昔取った杵柄で最終的には勝利し、家族と感動の再会を果たし、ついでに地球や街の平和も守られる。このような勧善懲悪ストーリーには既視感があるのではないだろうか。

『パトリオット』（２０００年）の主人公は、過去の戦争で英雄的な活躍をした軍人だが、家族を持ち平和主義者となり、独立戦争開戦に反対していた。しかし、息子を戦争で失ったことで銃を取る覚悟をし、アメリカ独立のために戦う。また、２００４年公開の『炎のメモリアル』は、２０００年９月の同時多発テロ事件の際に人命救助に奔走した消防士たちが生命の危機に陥るパニック映画で、彼らの命がけの活躍を描いている。主人公は、日常生活では息子の壊れたバイクを修理したり一緒に庭で遊んだりする子煩悩な父親で、ささやかな日常生活を愛する模範的な市民という人物設定である。

これらの映画では、家族との絆を重視する「父」という属性を持つヒーローが好まれ、父が家族を守るべきという規範が強調されている。

男性が「ケア」役割を担うことのメリット

家族を守る男性性が、強さだけでなく優しさとして表現され、規範化される傾向もある。たとえば１９７０年代に「うーん、マンダム」というフレーズが流行語となった「マンダム」のＣＭには西部劇映画で人気を博していたチャールズ・ブロンソンが登場し、「いま開かれる男の世界」「男らしさとは」「男のあり方を問う」など、ナレーションではくどいほど「男らしさ」が語られる。彼は独身なのか単身赴任なのか、家族構成は不明だ。恋人も妻も子も、友人すらも登場せず、自らのダンディズムに酔いしれている。これが当時の日本で「カッコいい男」のイメージとして共有されたことになるが、家庭や家族という存在は排除されていた。ビジネスマンが仕事中に西部劇のヒーローに憧れる様子や仕事帰りにバーでお酒を飲む場面や帰宅後にスーツを脱ぎ捨てる場面はあるが、家族は登場しなかった。

しかし、2019年に放映された男性化粧品「ウル・オス」（大塚製薬）のCMに登場する男性は、ひとりの世界に浸ることはない。仕事仲間と力を合わせガッツポーズをするなど、他者とのつながりを持つ。もっとも大きな特徴は、地域の人や家族との関係性である。「ウル・オス」のCMには、男性がスーツ姿で幼稚園児の娘と手をつなぎ、笑顔で出勤する様子や、ゴミ袋を持ってマンションから現れ近所の人に笑顔で挨拶をする映像が差し込まれている。単なるマイホームパパではなく、仕事にも野心を持ち、人生後半戦に向けて気合を入れるアラフォー男性の状況が描かれている。仕事も充実しているが、子煩悩なイクメンであり、イキメン（地域に知り合いがいて、地域参加に積極的な男性）である。仲間と共に仕事で活躍しながら、私的領域でも家族やコミュニティとのつながりを楽しむなど、公私を共に充実させていることが望ましい男性像として示されている。

日本で家族のケアをするサラリーマン男性とその男性性（Caring Masculinity）に注目する研究[5]は以前から存在するが、近年、ＥＵが今後の男性のあり方を政策として推奨する際のキーワードとして「ケアリング・マスキュリニティ（ケアする男性性）」という概念を提唱している。ＥＵが男性の変化に期待する第一の理由は、男性がケア労働を担うことがジェンダー平等や女性の経済的自立を促すためだ。第二の理由は、男性は稼ぎ手の役割に徹し、弱みを見せずタフであるべきとされ、自分自身の心身のケアを怠る傾向が強かったが、これらを見直し、他者へのケアだけでなく自分の生活や健康面に配慮することが、彼ら自身の生活の質向上や幸福感をもたらす効果が期待できることである。

洗濯男子や妻のためにカレーやシチューを作る男性がＣＭに登場するようになった変化を２章で述べたが、この政策的な期待に対応している点が興味深い。子煩悩で愛情深い側面を持ちつつ「人生後半戦は、生き様が顔に出るってよ」とつぶやき、肌の手入れをする（「ウル・オス」ＣＭ）など、自らのケアも怠らない様子が望ましい男性像として規範化される傾向も注目すべきところだろう。

「父」を語る欧米文化の輸入

父親向け雑誌の創刊ブーム

2005年から2006年にかけて、日本では、「父親向け」を標榜する雑誌の創刊が相次いだ。

父親向けの新雑誌群は、子どもの学力を伸ばし、高学歴エリートとして育てたいと考える教育熱心な父親を対象とした教育系の雑誌群と、父親向けのファッションやライフスタイルを主な内容とする雑誌群に二分される。後者は、料理や子どもとの遊び、キャンプなど、家族との時間を楽しむためのノウハウや、デニムや短パンといった休日用のカジュアルファッションのコーディネート例や着こなし方など、スーツを脱いだ父親が家族とともに楽しむための情報提供を行い、消費意欲を喚起させる。後者に該当する2誌(『FQ JAPAN』

『OCEANS』に共通するのは、創刊から数年間、外国人男性を表紙や誌面に登場させていた点だ。その後、2誌とも表紙モデルを日本人男性に変更した点も一致する。

イギリスの雑誌の日本版である『FQ JAPAN』は、国際誌との提携はないが、創刊から約10年、ほとんどの号の表紙を欧米で活躍する著名人男性が飾り続けていた。[6] ライセンス契約の強みを生かし、任期中のアメリカ大統領のほか、世界的に有名な俳優やサッカー選手といった面々が毎号登場し、父としての自分や家族への思いを語っている。[7]

また、『OCEANS』は、創刊から2年近く、表紙および誌面に外国人のファッションモデル（父、母、子のイメージ）の写真を使用していた。この時期の同誌のファッションページは白人の美男美女、可愛い子どもが高級ブランドを身につけた美しい写真を大きく載せるなど、ファッションのノウハウよりもイメージを伝えるものが多い。「アメリカの“Family Day”と連動し、日本にも『家族の日』を作ろうと運動を進めてきた」（2007年11月号）という編集長の言葉からも欧米の家族のあり方を手本にする意図は明白である。高所得者層を対象にし「子どもの頃から良いものに触れさせる」としてフランスの高級ブランドの商品を紹介するなど、欧米の富裕層・エリート層の家族のライフスタイルを日本人の憧れの対象として位置づけている。

表紙だけでなく、記事でも、欧米の父親を参照すべき先端事例としている。『スター・ウォーズ』などに出演したイギリス人俳優（ユアン・マクレガー）は「時代が求める〝父親のお手本〟」として紹介されている（『FQ JAPAN』２００７年春号）。彼は娘が重病にかかったことを機に子ども用ホスピスのために義捐金を集める活動を始め、モンゴルから４歳の少女を養子に受け入れるなど、社会的な活動にも熱心である。「ロケで長い間家族と離れてもう懲りた」と言い、家を離れるときはウェブカメラや携帯電話で会話をし、長期ロケには家族を同行させる契約をしている。「仕事において自分の選択ができて、愛する仕事、そして愛する家族がある」「今の自分にとって、家族が何よりも大事」と語る。家族を大切にしながら仕事をし、社会貢献も果たすという点が、記事中で称賛されている。

父親の語りにおいて、妊娠・出産・育児を神聖視したりイベント化する傾向も強い。生まれる予定の長男の写真の独占掲載権を３億２０００万円でタブロイド紙と契約したとされる俳優（マシュー・マコノヒー）は、自分の子どもを育てることを「ずっと夢見てきて楽しみにしてきたプロジェクト」「毎日がまったく新しい体験で、同じことは二度と起こらない」「この世で一番すごい奇跡」と語る（『FQ JAPAN』２００８年秋号）。また、「彼女の体に神が授けてくれた命が育ち、生まれた後に、自分たちは母となり父となり、その子を育てる。このことによって人生が輝かしいものになる」など、大いなるものと結びつけ、妊娠・出産・育児を大きなイベントとして意味づけている。

一般人の例を挙げれば『FQ JAPAN』は2007年夏号で「週末の自然派お出かけで父親はHEROになる」という特集を組み、イギリスやカナダの父親が子どもと過ごす週末を紹介している。記事に登場するカナダの弁護士夫婦は、妻も同業で、妻は子育てを優先し仕事をセーブしている。多忙な日々を過ごしているが、週末は娘2人と自転車でビーチに行き、ピクニックをする。父親は「子どもができてから人生が大きく変わった」「できるだけ子どもと向かう機会を増やしたい」と語っている。

子育ての雑事を楽しむ欧米の俳優たち

映画での共演をきっかけに、長い事実婚状態を経て有名女優（アンジェリーナ・ジョリー）と2014年に結婚した俳優（ブラッド・ピット）は、事実婚状態だった2008年に雑誌の投票で「ハリウッドでもっともホットな父親」に選ばれた。当時、彼は養子3人実子3人の計6人の子どもたちと3日以上は離れて生活しないように努力していると語っていた。

2008年にアメリカの『People』誌で「もっともセクシーな俳優」に選ばれた俳優（ヒュー・ジャックマン）は、それを知った息子に「パパが？　冗談でしょ」と言われたという。彼が公園やプールなどで子どもたちと遊びまわる姿は頻繁にイギリスのタブロイド紙に載り、よき父親と認識されているようだ（『FQ JAPAN』2011年冬号）。

2011年にモデル（ミランダ・カー）との間に長男が生まれた俳優（オーランド・ブルーム）は、妻が仕事をするときは息子の世話を自分が担当し、自分の仕事のときは妻が子連れで一緒についてくるなど、同時に仕事を入れないようにして家族が一緒にいられる時間を作っていると語った。また、立会い出産の際の難産だったエピソードをアメリカのトーク番組で面白おかしく話し、妻が息子に授乳しているところを撮影しブログで公開するなど、話題を集めた（『FQ JAPAN』2011年秋号）。妻のミランダは世界的に有名なモデルで、妊婦ヌードを雑誌で披露するなど話題づくりにも長けていて、インスタグラムのフォロワーが1220万人いる（2020年1月）。彼らは2013年に離婚したが、結婚や妻の出産は、俳優である彼への注目をさらに高めており、トーク番組で父としてオムツ交換や沐浴などの話をすることが彼に期待された部分も大きかったと思われる。

コメディ映画に多数出演する俳優（ジャック・ブラック）は家での仕事のひとつとして「ウ

ンチまみれのおむつを交換すること」を挙げる。息子のお尻を拭くことについて「自分の〝ケツの穴〟を拭いているみたいな感じなんだよ。なんたって自分の息子だからね。僕は自分のケツと息子のケツを何の区別もなく拭いている。カッコイイでしょ？」と語る（『FQ JAPAN』２００８年冬号）。

夫の家事・育児遂行の度合いは、夫婦間の相対資源によって規定されるという仮説がある。学歴、収入などの資源が高いほど家事を行わないという考え方で、家事育児をできれば避けたい罰ゲームのような作業として位置づけ、夫婦で押し付け合うものという前提に立っている。また、父親は家事や育児のなかで汚れ仕事を嫌うといわれる。有名俳優が子どものおむつを交換することに「カッコイイ」という意味づけをし、積極的に実践する姿を見せることは、汚れ仕事に取り組むことを義務から権利に転換するという価値観の変革をもたらす効果がありそうだ。

ハマドは、21世紀の父親たちの特徴として、子どもと過ごす快適さ、楽しさを重視し、子育てのこまごましたことに関わることを好み、満たされていることを指摘する。そして、その理由はジェンダー平等を目指すべきという正しさを基準にした判断ではなく、妻からの要請で仕事を分担し妻の負担を軽減するといった義務感からでもなく、育児を楽しむことがアイデンティティとして普及したためだと分析する。２章で、父親たちがブログにつづっている内容の〝親バカ〟ぶりを記述したが、それらについても同様の傾向が指摘できそうだ。

父親向け雑誌創刊ラッシュの背景

各誌の編集長のコメントや各誌が発表した媒体資料などをもとに整理すると、２００５年以降に父親向けの雑誌群が創刊された背景には、以下の社会的・経済的な要因が存在したと考えられる。

第一の要因は、「仕事中心志向」から「仕事も家庭も」志向に、男性たちの意識がシフトしたことである。長引く不況により雇用が不安定となり、会社に身を捧げるよりも家族との絆や家族との生活を楽しもうとする意識が男性の間で高まり、家族と過ごす時間を楽しむことや子どもの教育にかかわることを重視する父親が現れてきた。

第二の要因は、男性が私的領域を楽しむために必要な情報提供へのニーズが高まると予想されたことだ。家族との関係を大切にし、充実した私生活を送ることが父親自身にとっての理想像となり、家庭のことに積極的に関わりたいと考える父親が一定数存在していることが想定されるものの、父親が家族と過ごす時間を充実させるための商品・サービス情報を扱うメディアは存在していなかった。そこに着目し、新しい雑誌メディアが生まれ、各誌は「新しい生き方」として理想的な父親像を提示した。

第三の要因は、私的領域における消費の担い手として男性がターゲットとされたことである。家族と過ごす時間を楽しむための消費に積極的で購買力を持つ層として、男性への注目が高まった。欧米の高級ブランド企業からの広告収入を期待し、欧米の富裕層・エリート層を日本の読者のお手本として位置付ける傾向が創刊直後に見られたのがその一例である。

日本の文化として定着する過程

創刊当初、欧米の家族文化を提示するという方針を打ち出し、外国人のモデルが表紙を飾っていた『FQ JAPAN』『OCEANS』は、その後、方向性に変化が生じた。2誌は雑誌の認知度が向上し、固定読者を確保できた段階だと思われる時期に、表紙を日本人のモデルや俳優に切り替えている。

2007年秋、『OCEANS』は、歌手の妻（森高千里）を持つ日本人俳優（江口洋介）を表紙イメージキャラクターにした。彼をインタビューやファッションのページに登場させ、本人の写真とエッセイで構成する連載を設けるなど、ロールモデルとして扱った。「よきパパとして、よき男として、オーシャンズ世代がまさに見習いたい男性」「いつでも奥様や子供を大切にし、でも自分のやりたいことや仕事を真剣にやってる。男としても父としても魅力があって、見た目も中身も格好いい。オーシャンズが目指す方向性とピッタリ」（2007年11月号）というのが起用の理由である。同誌編集長は、同じ号の編集後記で「ようやくファミリーマインドなコンセプトが定着しつつあります」とつづっている。

このほか、同誌は2008年から「父の肖像」という連載を開始し、毎号、父としての子どもへの思いを俳優やタレントに語らせ始めた。2011年頃からは一般人のファッションスナップ特集を繰り返し特集するようになり、2012年2月号は1000人以上の実例写真を載せ、1ページに複数の写真とその解説を載せるという日本の雑誌に特有の実用的で細かい誌面になっている。その後、同誌はさらに実用性を高め、2016年以降は父親向けという方針を前面に出さず、40歳前後のカジュアルファッションに関する細かいノウハウを扱っている。

『FQ JAPAN』は、表紙には欧米の著名人の写真を使いながらも、創刊当初から誌面には日本独自のインタビュー記事を掲載していたが、2016年秋号以降は、3号連続で日本人の俳優（異なる3人）を表紙に登場させている。

1970年代初頭に日本の若い女性向けのファッション誌として創刊された『an・an』（マガジンハウス）や『non-no』（集英社）も、当初は欧米のファッション誌と提携し、白人モデルを多用していたが、ある時期から日本人モデルを登場させ、編集方針に日本向けの独自性を反映させていった。[8] 独身女性の消費と既婚男性の家庭生活の充実のための雑誌の創刊とその後の変化は、いずれも日本に先行する欧米からライフスタイルが輸入され、それらが日本で受容されるにつれ次第に日本向けにアレンジされていくという異文化受容のプロセスとして、共通する部分が多い。

父親向け雑誌に描かれる男性像

父親向けの雑誌ではどのような男性像が目指すべきものとして位置づけられているのか。主な傾向をまとめてみた。

（1）家族を守る強い父親

２０１１年3月11日の東日本大震災が起こった直後は、天変地異や自然災害、テロなどの直後に「家族を守る父親像」が強化されるというハマドの指摘にたがわず「男らしさ」を強調する傾向が見られた。

『FQ JAPAN』の震災前に発行された号の大特集は「愛妻術。」（２０１１年春号）、「イクメンの必修科目」（２０１０年冬号）だった。雑誌はさまざまな特集を組むものだが、震災直後の号では「最強の父親 —— 家族を守れる男たちの無敵スタイル」（２０１１年夏号）と、家族を守る強い父親を理想化している。また、冬号では「男にしかできない育児55」という大特集を組み、キャンプやＢＢＱなどのアウトドア系イベントのほか、職場見学、社会科見学、写真撮影など、55種類の育児を紹介した（２０１１-２０１２年冬号）。記事冒頭に「物理的には、女性にできない育児などひとつもない」というエクスキューズがあるものの、全体的に性別役割分業を肯定し、問題解決能力があり家族に頼られる伝統的な男らしさを称揚する方向性である。家事も育児も仕事もこなし、母親がやってもできないレベルのことを達成するスーパーマン的な「デキる男」が理想とされている。

（2）家族の絆を重視し神聖視する父親

『Men's LEE』（2012年5月号増刊）は「3・11以降、家族の絆が見直される」「子育ては父親の存在や考えが問われる時代に」とし、著名人に父としての意識や行動を問うインタビュー特集を組んでいる。小学生の娘を連れて被災地に行ったアルピニスト、「〝命、家族、絆〟というテーマに出会った」と語る映画監督、ニューヨーク滞在中に9・11を体験し、3・11の日に被災地で生まれた赤ちゃんの写真を撮影したカメラマンらが、子どもへの思いや父として社会と向き合うことについて語っている。この号の『Men's LEE』は震災から約1年後に発行されているためか、「家族の絆」に関する記事が目立った。

天変地異や自然災害など、人知を超える脅威にさらされた直後は、強い男が称揚される傾向に加え、〝家族の絆〟という言説が強化される傾向もあることは既に述べたが、実際はどうなのだろう。

図6は朝日新聞社の新聞・雑誌において「家族の絆」というキーワードが使われた回数を年ごとに集計した結果である。2011年4月からの1年間は、他の年の2倍以上、「家族の絆」という言葉が用いられており、3・11以後の日本で「家族の絆」言説が台頭していた

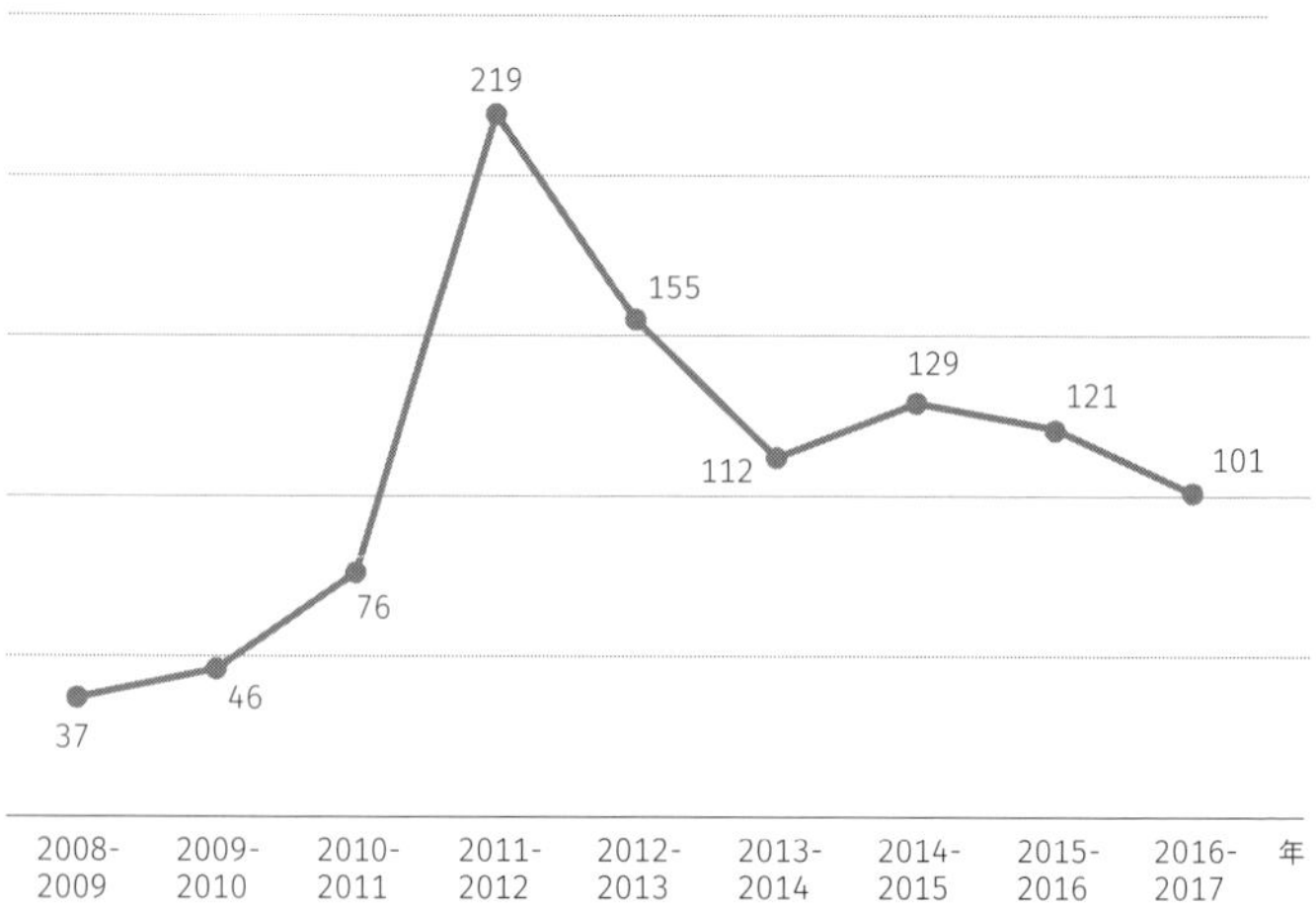

図6　「家族の絆」をキーワードに含む新聞・雑誌記事の件数(朝日新聞社)
注）朝日新聞記事データベース「聞蔵ビジュアルII」で、「家族の絆」というキーワードを含む記事の件数を1年ごとに集計し、グラフを筆者が作成(2008年4月1日から2017年3月31日まで。対象紙誌名は、朝日新聞、朝日新聞デジタル、AERA、週刊朝日

ことを示す。

（3）子育ての雑事を楽しみ満たされる、小市民的な父親

先ほど子育ての雑事を楽しむ欧米の俳優たちのコメントを紹介したが、日本の父親向け雑誌も、子育ての雑事を楽しむことを提案しており、それを実践する父親たちを誌面に登場させている。『Men's LEE』は「心地いいファッションやライフスタイルにこだわり、家族との時間を大切にする『暮らし』が好きな男性たちや『暮らしをおもしろがれる』男性たち」（プレスリリースより）に向けて創刊されたものだ。同誌は「集まれ！男子パスタ塾」「子どもにモテる！絵本読み聞かせ」「レシピ通りに作れば120％子どもからのアン

コール が来る!」(2011年10月発売、vol.4)で、家事や育児を娯楽のように楽しむことを提案していた。その号には、創刊号を飾ったカップルとは異なる日本人の俳優夫婦(田辺誠一、大塚寧々)が登場する。ふたりは「食後に庭で呑むのが日課」と、ふだんの様子を再現したピクニックランチ風のテーブルを囲み、父と子が作る料理や望ましい子ども部屋の位置、家族旅行の思い出、ふだんの家事、理想とする父親像などを語り合っている。

同誌は著名人のみならず、一般人にも父としての自己や理想の家族像を語らせており、2012年5月号増刊では「仕事はもちろん! 家族大好き! Mr.メンズLEEを探せ」という特集記事(10ページ)を巻頭で扱っている。氏名、年齢、職業、家族構成、休日スケジュールなどの定型フォーマットとインタビューによるコメント、家庭内でのふだんの写真で構成される記事で「スーツ姿に身を包み、昼間は働く会社員。でも、ひとたび家に帰れば、妻とキッチンに立って料理をしたり、家族と過ごす時間を大切にする優しい夫でもある」という男性像を具現化する存在として14人の男性と妻子(一部は子どものみ)が登場する。彼らは「娘の成長の瞬間を少しでも多く見守りたい」「妻を大事にする、子どもとよく遊ぶ。そんなパパはカッコイイ! と信じてます」「父と子で一つのことに熱中できる〝今〟を大事にしたい」と家族への思いを語る。

ファッションページで紹介するアイテムにも「おしゃれが好きな妻といても自然で、親子の絆も深められる服や靴、雑貨たち」という具合に「絆」を深めるため、という意味づけが行われているほか、7歳の娘のために毎日深夜に絵本を描いてフェイスブックで公開する投資ディレクターを紹介する記事にも「娘との大事な絆」というタイトルがつけられている（2012年5月）。

今日の父親は、彼ら自身の父親がめったにしなかった子育てのこまごましたことに関わることを好み、そして、深く満たされているとし、それを「父性の革命」と指摘する研究者もいる。[9] これらの語りにも、革命の兆候が見られる。

「ご報告」に反映された、父としてのあり方

1章で、「ご報告」をテキストデータ化し、ソフトウェアを用いた計量分析を行った。その手法を用いたのは、人為的な判断を避け、客観的にテキストデータ全体の特徴を示すためである。しかし、計量的な処理では、自由記述に含まれるオリジナリティのある表現（少数意見）をすくい取ることができない。ここでそれらの一部を挙げてみたい。

ハリウッド映画や父親向けの新雑誌で「家族を守る」「家族の絆を重視し神聖視する」「雑事を楽しむ」といった父親像が表象される傾向を示したが、「ご報告」のなかの父としての決意表明にはそれらと重なる部分があるのだろうか。

（1）家族の危機を救い、守る強い父親

多くの父親が、子どもを大切に育て、これまで以上に仕事でも精進したいという父として

の意思表示を行っている。子どもを立派に育て上げなければという責任感を語る父親もいた。

「父として人間としてより一層成長していかなければと、身の引き締まる思いです」（俳優）

「良き父親になれるよう精進し、これからも、皆様の元気の素になる様な音楽を届けていきたいと思っております」（ミュージシャン）

「これからも、役者として、ひとりの父として、精進していく所存です」（俳優）

「新しい家族を迎え喜びと責任の重さを感じております。責任感がガッと来た」（歌舞伎俳優）

「感謝の気持ちをまた音楽に変えて、更に精進していこうと思います。親父、頑張ります！」（ミュージシャン）

「今後は親として恥ずかしい行いをせずに、立派な子に育て上げたいと考えております」（俳優）

（2）家族の絆を重視し神聖視する父親

「天」「命」「神」「天使」などといった言葉を用い、大いなる存在から贈られた授かりものを大切に育てていこうとする決意が多くの父親たちから語られた。

「子どもは天からの授かりものといいますが、神様から『おあずかり』しているようなつもりで、この新しい命とつきあっていきたいとおもいます」（俳優）

「命を繋ぐという大偉業を成し遂げてくれたことに、大きな感動とともに引き締まる思いです」（俳優）

「天使のようなピカピカな女の子がまた一人、僕らのもとへ舞い降りてきてくれました。授かった新しい生命に感謝し、実りある未来になるよう、大切に育てていきます」（俳優）

「産まれてきてくれたその瞬間から、まるで神様にウィンクをされたかのような、そんな幸福でありがたい気持ちに私たちをさせてくれています」（作家）

（3）子育ての雑事を楽しむ小市民的な父親

照れ隠しで笑いを取ろうとする意図もあるかもしれないが、自分らしい表現で喜びを伝える父親もいた。父親として立派にならなければといった気負いはあまりなく、自然体で子どもを迎え、楽しい家庭を作ろうとする姿勢がうかがえる。

「私は男兄弟で育ったので、娘の扱いに今からテンヤワンヤしています」（俳優）
「妻に似てくれることを祈りつつ、感謝の気持ちを忘れずに、家族4人で楽しく暮らしていきたいと思います」（アイドルグループ出身の司会者）
「これから生まれてくる赤ちゃんへ、ファミリーみーんな、あなたのことを楽しみに待ってるよ〜。これからたくさんの思い出を作っていこうね」（タレント）
「分娩室の中で、3回泣きました」（お笑い芸人）
「日々けっこう家事に追われています。ご飯がいっぱいあるので、チャーハンを作ろうと思います」（タレント）

「ご報告」の文面には今後どのような父になりたいかというコメントが含まれており、ハリウッド映画のヒーローや俳優たちが語る父としてのあり方と共通する部分があることが確認できた。

エンタメコンテンツ化する家族のストーリー

この章では主に父親向けの雑誌における発言を参照したが、「父」を前面に出すコンテンツが多くの読者に消費されている現象は、ソーシャルメディアにおいて、より顕著である。雑誌の場合は、同じ属性や嗜好を持つ同性にとって理想となるイメージを提示するために作られており、ターゲットが限られている。また、父親を対象とする雑誌の発行部数は、さほど多くなく、雑誌のなかでもニッチな分野である。それに比べ、SNSには、雑誌の発行部数（数万～数十万部）よりも桁違いに多いフォロワー数（数百万人）を持つ人が多数存在する。書き手と読者の属性や嗜好が異なることも珍しくない。アイデンティティを共有することができなくても、育児仲間や娯楽の対象とみなしたり、異性から見た理想のパートナーのあり方として観察するなど、さまざまな読み方が可能で、有料の紙媒体よりも多くの読者を獲得している。子育て中は外出がままならない場合も多く、また、不安やストレスもあり、家族に関する情報へのニーズは高い。このような背景から、家族に関するプライベートな情報発信は「エンタメコンテンツ」として消費の対象になっているようだ。

column 03

その人を、声に出してどう呼ぶか？

映画『万引き家族』の製作段階でのタイトルは、「声を出して呼んで」だったという（以下、ネタバレを含むので、これから観る方はお気をつけください）。

リリー・フランキー演じる男性は、自分を「父ちゃん」と呼び、「俺はおまえの……」と同居している子どもに話しかけ、口パクで呼ばせようとする。実の親子ではないため、子どもは抵抗を示し、男性は「いつか、な」と寂しそうに言う。そんな場面があった。

刑事コロンボは「うちのカミさんがね……」が口癖だ。英語の〝ワイフ〟をいかにも彼が呼びそうで妻へのリスペクトを含む「上《かみ》さん」と訳している。

日本語の配偶者の呼び方は多いが、主従関係が反映されたものを不用意に使うと時代錯誤で知性に欠けた人というイメージになるので要注意。家の奥でおとなしくしてほしそうな「家内」、主人から見た使用人にあたる「女房」あたりはNGとわかりやすいが、意外と若い人も使うのが女偏に家と書く「嫁」だ。家制度は昭和22年に廃止済よ。もういいでしょ。「相方」と呼ぶと、漫才コンビを彷彿とさせるので、TPOを選んで慎重に。「カミさん」は恐妻家の匂いがするが、自発的に尻に敷かれている人にはなじむ。照れ隠しで「奥さん」と呼ぶ人もいるが、身内に「さん」付けで「奥にいる人」という想定なのでアウト。「細君」と呼ぶのは「痩せろ」というセクハラか？　……と、細かいことが気になってしまうのは私の悪い癖だ。他人が気に留めない部分に気づくことから真相を究明する刑事ドラマを思い出し、許していただきたい。神は細部に宿るのだ。

自分の夫を「ご主人」や「旦那さま」と呼ばれたくない人もいるし、呼びたくないが、代案が見つからない。子どもをまじえた付き合いなら「パパ」と呼ぶ手もあるが……。年を重ねると「〇〇ちゃんママ」という名前のない女神同士の虚礼やママ友付き合いのストレスから解放される。そして、大人だけの交際が増えるなかで、呼称問題が発生するのだ。「お連れ合い」「パートナーの方」と呼ぶと、こだわり人間っぽく見えそうで、腹の探り合い段階の相手にはハードルが高い。聞き返されて「あ、あの、旦那さん……」とか言い直すのも気まずい。「夫さん」だとこちらの日本語能力を疑われる。そんなわけで、なるべくファーストネームに「さん」付けで呼ぶ。事実婚のカップルだと苗字も呼べる。名前を覚えておかないといけないが……。書いていて気付いたが、この悩みは夫婦別姓が普及すれば、だいぶ解消しそうだ。

4 家族をめぐる政治・経済的な思惑とメディアの関与

家族に関する政策とメディアの連動

フランスのメディアが「母性神話」を拡散

母性を「神話」と表現したバダンテール[1]は、子育てにおける母親の責任の最大視と神聖化が一般に浸透する過程でメディアの力が大きく作用したと指摘する。

アメリカでは第二次世界大戦後、女性雑誌が「猛烈なキャンペーン」を展開し、知識人や大学教育もそこに加担し、女性が家庭のなかで献身的な母になる方向づけを行った。その結果、母親信仰が生まれ、すべての責任を母親に委ねるイデオロギーが女性たちにのしかかることとなった。フランスの女性雑誌は「家にいる良い母親」という紋切り型のイメージや、仕事を持つ母親に見捨てられた子どもを襲う不幸などを戦後20〜30年の間、書き立て続けていた。そして、1970年代末のフランスでは、ほとんどの女性雑誌が子どもを作ろうとしない女たちに激しい非難を浴びせ、子どもを母乳で育てない母親の増加傾向を、女性雑誌以外の一般雑誌までもが批判していたという。バダンテールはこれを「イデオロギーの圧力」と呼んでいる。

バダンテールによると、男女の役割を別とするフロイトの精神分析理論の信奉者たちは、母親の献身については議論を繰り返したが、父親の子育てにおける貢献についてはほとんど期待せず、語ることもないという姿勢を貫いていた。たとえば、小児科医ウィニコットがBBC放送の講演で、父親の役割に関する意見を述べたが、それは「父親は母親の代理をつとめることはできない」「夫が良い父親になるかどうかは母親の責任」「父親の役割は挿話的」「赤ん坊は母親のほうを好む」といったものであった。このような発言がラジオや雑誌を経由して人々に伝わることは、性別役割分業にもとづく伝統的な価値観の再生産にメディアが寄与したということになる。

アメリカのメディアは「父親不在」に警鐘を鳴らす

一方、アメリカでは、第一次世界大戦が終わり、父親が家庭に戻ってきた当時、親を対象とする雑誌産業が発達し、男性性や父性に関する言及が盛んになった。当時、教育者や小児科医が父親の子育て参加の重要性を主張し、子育てに参加する父親を理想の男性像と肯定する文化が生まれたとされる。[2] そこで称揚されたのは、一家の稼ぎ手であり、子どもにとっては友人であり、男性としての役割モデルでもあるという複数の役割を兼ね備えた父親像であったという。とはいえ、実態は伴っていなかったようで、1970年代にはワシントンポスト紙に「男性を自由にしたい。仕事と責任をシェアしたい。男性にも子どもに対する同等の責任を持って欲しい。子どもたちがフルタイムの母親を持たなければならないというのは神話だが、実際には母子は密着し、父と子はほとんど接点がない」との記述があるほど、メディアが父親不在を問題視するようになっていた。[3]

戦中戦後の人口政策と日本のメディア

欧米と同様に、日本でも、メディアは国家が家族をコントロールする政策を実施するために利用されたり規制の対象となったりしてきた。

戦時中に「産めよ殖やせよ」が謳われた頃は産児制限運動が弾圧されていた。それを国民に周知させるために、1939年に「婦人雑誌に対する取り締まり方針」が定められ、それ以後、終戦を迎えるまで、婦人雑誌が避妊に関する情報を取り扱うことはできなかった。しかし、戦後になると、状況は一転し、産児制限の必要性がメディアで盛んに訴えられるようになった。雑誌『主婦之友』では1947年から「受胎調節法」に関する記事を繰り返し掲載しており、人工中絶を「国家として人口を減らす目的」（1947年3月号）とし、推奨している。

その後、約半世紀をかけて先進諸国でじわじわと少子化が進み、人口が「減らすなキケン」状態に陥ってしまったのは周知のとおりである。1990年代末、少子高齢化による労働力の低下や社会保障制度の崩壊が国家存亡の危機にかかわる問題として深刻視されるようになり、人口政策として出生率回復のための具体的な取り組みが始まった。

「少子化の原因＝母親の育児ストレス」言説

少子化の原因探しが行われるなかで、最初に問題視されたのは育児における母親の心身の負担が大きいことだった。1998年10月、国民生活審議会総合企画部会で婦人生活社の育児雑誌『プチタンファン』編集長が行った報告が話題になった。その内容は、子どもがかわいく思えないときがある母親は約8割、子どもと一緒にいるのが苦痛と思っている母親が約8割、子どもと過ごす生活から抜け出したいと思っている母親が約4割、虐待をしているかもしれないと思っている母親が約4割、という読者アンケートの結果であった。

当時、神戸連続児童殺傷事件（1997年5月発生）や出生率が上昇に向かわない状況をふまえ、少子化とあわせ、少年犯罪などの社会問題を家庭の問題とし、危機感を煽ったり、少子化になるのは子育てがつらい仕事だからだ、という言説がメディアで見られた。以下のようなタイトルの記事がそれに該当する。

「問題提起　戦後民主主義が日本の家庭をこんなに壊した　少年犯罪で『母原病』著者が再警告」（『週刊ポスト』1997年9月26日号）

「子どもがあぶない　心の闇と子ども　臨床心理学者、河合隼雄氏に聞く」（『AERA』1997年11月1日臨時増刊号）

「いま、家庭のなかで子供に何が起きているのか」（『週刊女性』1998年1月〜4月連載）

「心寒くなる少子化時代　子供たちの歓声が消える時　育児支える社会作りを　間近に

迫った本格的人口減少」(『ＡＥＲＡ』１９９８年1月12日号)
「子どもがわからない　子どもは誉めて育てよう」(『ＡＥＲＡ』１９９８年11月25日臨時増刊号)

この頃、既婚女性向けの雑誌が専業主婦の再就職を扱う記事のなかで、働き始めた経験を語る読者の多くが動機として挙げたのは、経済不況を背景とした家計補助と並び、「育児ストレス」であった。[4] それ以前の時期は「社会進出」「自分探し」などがそれらの雑誌における中心的な「働く理由」で、「私のわがままなので家族に迷惑をかけられない」といった語られ方が支配的だった。それと比較すると、かなり大きな変化といえる。

70年代後半から80年代前半にかけて、女性解放を訴えるフェミニズム系の雑誌が数多く創刊されたが、家族という制度や主婦という存在に異議を申し立て変革を訴える編集方針の雑誌は支持されず、休刊や路線変更を強いられた。当時から２０１０年代に至るまで、既婚女性向けの雑誌は、社会的階層や属性が近い読者を対象として作られており、読者を代表する立場の者が雑誌に登場して何かを語る場合、他の多くの読者の現状を肯定し、承認や共感を得ることを想定した内容であるのが一般的である。つまり、90年代末の時点で、子育てはストレスフルであるという認識が共有され、それを理由に社会との接点を求めることが、母親同士の世界では「母親失格」「わがまま」とは見なされなくなっていたことになる。

国が期待する望ましい家族像

家族のあり方に対する政策や政治家の発言は、国にとっての「望ましい家族像」を示している。

1955年の結党以来、長期にわたり政権与党であり続けている自由民主党が2012年4月に発表した「日本国憲法改正草案」[5]の第24条（家族、婚姻等に関する基本原則）には「家族は、社会の自然かつ基礎的な単位として、尊重される。家族は、互いに助け合わなければならない」という文言が盛り込まれている。前文にも「家族や社会全体が互いに助け合って国家を形成」「良き伝統と我々の国家を末永く子孫に継承」など、あるべき国民像を「家族」単位で法的に規定しようとしている。

2015年に自民党内に「家族の絆を守る特命委員会」が設置されたが、夫婦世帯を対象とする新たな控除「夫婦控除」の導入を提言したり、婚外子や夫婦別姓に反対するなど政策として家族の機能を強化しようとする動きが見られる。

また、2016年に閣議決定された「ニッポン一億総活躍プラン」は「希望出生率1・8」という数値目標を掲げている。この「希望出生率」という言葉は、産業競争力会議（議長・安倍晋三首相）で「子どもを持ちたいという国民の希望が叶った場合の出生率」として試算されたものだという[6]。人口増加のためには合計特殊出生率が「2」を上回る必要があるが、「戦前・戦中への逆行」といった反発や支持率低下を恐れて忖度し、1割引きという数値目標にし、かつ「望んでいるのは国民」という論法を採用しているようだ。

家族形成に関する政治家の炎上発言集

世界保健機構（WHO）が定めたリプロダクティブ・ヘルス／ライツの考え方は「子どもを産むかどうか、産むとすればいつ、何人までを産むかを決定する自由を持つべき」と個人の生き方の自由を保証するものである。政治家が公の場で国民の家族形成に関する期待やそれに寄与しない国民への批判を語ることは、これらの権利を脅かす圧力となる。

2007年、第一次安倍政権の厚生労働大臣が女性を「子どもを産む機械／装置」にたとえ、「機械、装置の数は決まっているから、あとは一人頭で頑張ってもらうしかない」と国民を「機械」扱いする発言をし、のちに謝罪した。第二次安倍政権でも、２０１５年、芸能人カップルの結婚に際し官房長官が「この結婚を機に、ママさんたちが一緒に子どもを産みたいとか、そういう形で国家に貢献してくれたらいいなと思っています。たくさん産んでください」とテレビの情報番組で発言し、物議を醸した。２０１７年には自由民主党の党役員連絡会で「子どもを４人以上産んだ女性を厚生労働省で表彰することを検討してはどうか」と元参議院副議長の女性議員が述べ、これも「産めよ殖やせよ」を期待する発言として批判を受けた。

「公的発言におけるジェンダー差別を許さない会」は、政治にかかわる人々のジェンダー差別発言からワースト発言候補を集め、インターネットで投票できるしくみを作っている。２０１９年のワースト発言に選ばれたのは、財務大臣の「年寄りが悪いみたいなことを言う変なのがいっぱいいるけど、子どもを産まなかったほうが問題」というコメントである。少子高齢化の責任が女性にあるとする認識が露呈した。ほかにも、女性現職候補者の参院選の応援演説で、「いちばん大きな功績は子どもをつくったこと」「ひと皮むけた」と述べた衆院議員の発言も問題となった。政治家として評価し「この人に投票してください」と有権者に呼びかけるなら、彼女の6年間の政治での功績を中心に言及すべきである。母という側面ばかりを強調すると、オカンなら誰でもOKになってしまう。公的な場で出産・育児という私的な経験に最大級の賞賛を与える公私の感覚のズレに驚くが、こんな業界で働くのは大変そうで、政治を志す女性が増えないのも致し方ないと感じさせられる。

また、数々の失言によりオリンピック・パラリンピック担当大臣を辞任した政治家は自民党議員のパーティーで「お子さんやお孫さんにぜひ、子どもを3人産むようにお願いしてもらいたい」と発言したが、のちに「さまざまな生き方が尊重される社会であるべきと考えており、それを押しつけたり、誰かを傷つけたりする意図はなかった」と謝罪した。

産むことへの過剰な期待や称賛は、産まない人へのバッシングと表裏一体である。月刊誌の新聞論調を批判する特集[7]に寄稿した女性議員は、LGBTのカップルについて、子どもを作らないという理由で「生産性がない」存在と断じ、彼らのために税金を使うべきではないと主張した。それ以前から「シングルマザーを売りにするな」（2017年9月号）、「『道徳』を教育して何が悪い？」（2018年6月号）など、いわゆる炎上商法といえる過激な主調を同誌で展開していたが、言論の自由と呼ぶには稚拙な意見であり、掲載責任を問われた雑誌の廃刊をもたらした。

家族に関するさまざまな記念日の制定

近年、あらゆる場面で家族への呼びかけや協力要請が増えており、さまざまな課題解決のために家族がフル動員されている状況だ。「家族の力でSTOP！オレオレ詐欺」（警察庁）など、家族を犯罪防止にも活用しようとする期待もある。

内閣府が2006年にまとめた「新しい少子化対策について」という提言書の内容に基づき、翌2007年に「11月第3日曜日は家族の日」と制定されて、10年以上が経つ。「子育てを支える家族や地域の絆の重要性を考えるきっかけにする」というのが家族の日の設立趣旨である。「家族・地域の絆再生」政務官会議プロジェクトチームによる提言で、前後1週間が家族の週間となった。「家族や地域の人々が触れあう機会を増やし、相互の絆をより深める」という意図がこめられている。内閣府は、これをきっかけとし、国民が家族と地域の大切さについて改めて考えることや、家族の絆を深めるために早めに帰宅することを勧めている。「いい（11）ファミリー（23）の日」というゴロ合わせから勤労感謝の日でもある11月23日を含むということのようだが、令和初の「いい夫婦の日」（11月22日）に入籍したカップルは少なからずいたため、「家族の週間」が「いい夫婦の日」を含む日程に設定されているところに独身者の結婚への意欲を刺激しようとする意図を感じる。

父の日や母の日は、日本では国民の祝日ではないが、アメリカでは大統領が宣言した国民の祝祭日である。その成立や運用に政治が密接に絡んできたことをラロッサや小玉亮子が一連の研究で詳細に解明している。[8] 母の日は1914年に創設されたが、父の日は、1970年代のベトナム戦争の最中に、60年遅れで制定された。当時、父の日が制定された背景として、家族の絆や父子関係を強化し、女と子どもを守る強い男を賞賛し、国民の愛国心を喚起するという期待があったことが、議会で行われた議論の記録として残っている。

母の日は、バレンタインデーやクリスマスと同様に、特定の業界や商品の販売促進のために普及したイベントというのが現在の一般的な認識だと思われるが、小玉によると、日本の母の日は戦時下の国民統合のイデオロギーとして作用していたという。

欧米では約半数が婚外子。日本では「人間失格」？

世界的な潮流としては、パートナーや子どもを持つことは法的な婚姻の承認の枠外にはみ出し始めている。[9] スウェーデンやフランスでは生まれた子どもの約半数が、アメリカやイギリスでは約4割が、非嫡出子（婚外子）だ。しかし、日本では法的婚姻関係内で生まれる子どもが約98％（OECD "Society at a glance 2009"）で、出産が結婚に紐づいている状況といえる。子どもは籍を入れたカップルによる家庭で生まれることが望ましいという規範が強く、妊娠を機に結婚に至るカップルも多い。

女優とのオープンな交際で話題となっていたアパレル企業の元社長は、2人の女性との間に3人の婚外子を持つ。その件について、不倫などのスクープを得意とする週刊誌が「結婚する気はない」（当時の恋人への発言）、「一夫多妻」（複数の女性との事実婚を指す）と書き立て、赤字経営の責任と並ぶ〝人間失格〟エピソードとして痛烈に批判した。また、後日、本人が3人の婚外子の存在をテレビ番組で認めたところ、女性視聴者からの批判が殺到したという。日本は、カトリックの国以上にロマンティック・ラブ・イデオロギーに支配されているのかもしれない。

官製婚活が期待するもの

少子化は先進国ならではの社会問題となっているが、生まれた子どもの親が事実婚のカップルである確率が高い国は、日本よりも合計特殊出生率が高く、少子化解消の方向に向かっている。しかし、日本では、事実婚を認める動きはなく、結婚するカップルを増やすことで出生率を高めようとする傾向が強い。夫婦別姓も家族が一体感を持てなくなるといった精神論によって制度化が進まない。

子どもは入籍した夫婦の間に生まれることが望ましいという規範の強さを背景に、国は将来的な出産を見越した「婚活」に注力する自治体に補助金を支給している。

2010年に『「婚活」現象の社会学』（山田昌弘著）が刊行され、「婚活」という新しい言葉がブームになったが、当時与党だった民主党政権は、国として婚活を支援する取り組みには着手していなかった。国が婚活を支援し始めたのは自民党が政権に返り咲いた後の2013年である。アベノミクスの施策のひとつとして、2013年度・2014年度に各30億円ずつ「地域少子化対策重点推進交付金」の予算が計上された。これにより、自治体が地域住民の「婚活」を支援し、国が補助金を交付する仕組みが作られ「婚活・街コン推進議員連盟」が設立された。街コンとは、地域における大規模なコンパのことである。少子高齢化の是正と地域活性化を図る目的で、全国の街コンの取り組みが支援された。

これをふまえ、各自治体は、住民の定住や家族形成による人口増および税収増を期待し、男女の出会いや婚活、結婚を支援するさまざまな取り組みを実施している。東京・千葉・沖縄などといった一部の都や県を除き、ほぼすべての都道府県が「婚活」を支援するサービスをネット上で展開中だ。ピンク色、ハートマーク、赤い糸などがデザインに用いられ、「愛」「恋」「幸せ」「運命」「縁結び」といった言葉で出会い・恋愛・結婚・出産・育児が推奨される。

特に力を入れている自治体のひとつ、北海道は、結婚・妊娠・出産・育児のポータルサイト「ハグクム」を運営し、北海道内での各市町村で行われる結婚支援事業を紹介している。また、結婚サポートセンター「北海道コンカツ情報コンシェル」を開設し、毎日相談に乗るほか、婚活パーティーの模擬体験や婚活の基本的なマナーやルールを学ぶことができる講座を開催する。九州では、佐賀県男女参画・こども局こども未来課が、「佐賀で子育てしたい」と思ってもらえる佐賀県づくりを推進するために、「子育てし大県　さが」と銘打ち、出会い・結婚・妊娠・出産・子育てを支援する情報を掲載している。愛媛県はビッグデータを用いた婚活支援を行っている。

過疎化などに苦しむ自治体が多いとはいえ、公共機関が特定の生き方を期待し、そこに公金を注ぎ込む流れを作ることは、「国家にとって望ましい家族の形に合わない家族に対しては一定のペナルティが課されている」[10]という指摘があてはまる状況といえる。

国家的リスクと「家族の絆」言説の強化

国家体制や法制度が家族形態や家庭における親のあり方に影響を与えていることは、国内外の多くの研究者によって明らかにされてきた。

フランスの歴史社会学者ジャック・ドンズロは、19世紀のフランスで、貧困層の子どもを守るという危機管理の必要性を理由とし、国家が「博愛主義」というイデオロギーを用いて家庭への介入を強化していくプロセスを解き明かした。また、ドンズロは、国家が国民に期待する役割を社会的規範として浸透させる際に、家族を描く映画などのポピュラー文化の影響力が大きいことにも注目している。メディアに流通する親のイメージや言説は、家族に期待される社会的規範やルールに従うことに対する人々の抵抗や葛藤をやわらげ、両者を機能的につなぐ役割を果たす、と著書『家族に介入する社会』で彼は指摘した。[11]

国家が家族をコントロールしようとする際、メディアが果たす役割は大きい。国民に対する社会的な期待がこめられた言説は、メディアによって媒介され、人々に共有される。産業革命や大恐慌など、社会が急速に経済的・社会的に変化をした時代には、父親が家庭を顧みないことによる悪影響が繰り返し語られてきた。とくに、家庭における父親不在を深刻な問題として扱い、父親の家庭回帰を促すレトリックは、政治家が好んで用いるものとされる。

ハマドによると「父親不在」レトリックは、第1次ブッシュ政権（共和党）とクリントン政権（民主党）という二大政党の両方で用いられていた。クリントン元大統領は、父親不在を「アメリカン・プロブレム」と表現した。[12] 幼少時に実の父を自動車事故で亡くし、義理の父のアルコール依存症とDVに悩まされてきた彼自身の経験を個人的なものとせず、国家的な問題として国民に訴えたのである。

「父親不在は、アメリカの流行り病」

オバマ元大統領も、大統領選挙の期間中だった2008年6月の父の日に「アメリカにおける〝父親不在〟はこの国の流行り病」と問題提起した。[13] 父親不在を慢性的で潜在的な危機ととらえ「また危機が起こっている」と警鐘を鳴らす意図があったと考えられる。父親不在の病理を責めることは、古典的な政治的手法といえるようだ。

オバマ候補（当時）のコメントは、彼が大統領に就任した後、イギリスの父親向け雑誌『Father's Quarterly』（以下、FQ）』に掲載され、同誌の日本版（『FQ JAPAN』）の2009年春号の「父親としてのバラク・オバマ」という記事にも収められている。アフリカ系アメリカ人の家庭では子どもたちの半数以上がひとり親家庭に育っていることをふまえ、「アメリカにおける〝父親不在〟はこの国の流行り病」と問題提起をするほか、「相当数の父親が家庭においてM・I・A（戦闘中行方不明）またはAWOL（無許可で離隊）状態」などのたとえ話を用い、父親が家庭責任を放棄することで家庭の基盤が弱くなっていると危機感を訴えている。また、自身の家庭に父親がいなかったことに言及し、「ガイドしてくれ、そしてリードしてくれる男性像が家にいないことで心に穴があく」「人生において、なんにでもなれるのなら、子供にとってよい父親になろうと思っている」と、父親が家庭や子どもに与える影響の大きさ、父親役割の重要性を強調している。

『FQ JAPAN』はオバマ候補（当時）の経験に基づくエピソードしか引用していないが、実際の演説で彼は、統計データを用いて父親不在の家庭の増加は地域社会の弱体化につながると警鐘を鳴らした。AFPBBニュースによると、このときオバマ候補はひとり親家庭の子どもは貧困率や犯罪率、中退率、刑務所に入所する確率が高いという統計データを用い、家庭崩壊や犯罪が多発する地域社会の再生のために父親たちが責任を負わなければならないと訴えた。

「父親不在」レトリックは、全ての政治家が用いるわけではない。トランプ大統領は、1日に平均45回もツイッターでつぶやいているが、恵まれた家庭環境に育ったためか、彼が政治家として「父親不在」に関する言及を行ったことは確認できなかった。父親に関する彼のコメントで有名なものは「私は父から不動産会社と財産を受け継いだが、それよりも重要な父からの贈り物は知性という遺伝子だった」という自画自賛[14]である。Make America Great Again（メイク・アメリカ・グレート・アゲイン、MAGA）をスローガンにし、強いアメリカの復活を目指そうと国民を鼓舞するトランプ氏は、個人の家庭内での役割よりも国際社会でのアメリカの存在感を強めることに関心があるようだ。

家族の機能不全が社会問題の原因

アメリカでは政治家が「父親不在」の弊害を訴えるが、日本でも、社会に望ましくない事態が起こるとメディアが「家族の機能が低下している」と危機感をあおったり、家庭の病理をセンセーショナルに報じる傾向があることが、これまでの研究で指摘されている。子どもの心身の不調や校内暴力、凶悪な少年犯罪など、何か社会的な問題が発生するたびに、原因探しの過程で家庭の機能不全が批判され、家族や社会の危機を父親が救うべきといった言説が文壇やメディア、政治活動の場でしばしば現れてきた。

団塊世代が家族形成を始めた1970年代、サラリーマンと専業主婦からなる家庭が増え、父親の不在と母親ひとりによる育児環境が問題視されるようになった。当時は育児不安や育児ストレスに関する研究が広く知られる前で、子どもの心身に何か問題が生じると、親の育て方や家庭の機能が問題視されるというパターンがあった。ドイツの精神分析学者アレクサンダー・ミッチャーリヒの『父親なき社会――社会心理学的思考』（1963年）の邦訳版が1972年に刊行され、NHKで特集が組まれたのに続き、70年代後半には心理学者・河合隼雄による『母性社会　日本の病理』、精神科医・久徳重盛による『母原病』など、日本でも医学や心理学の専門家が家族の病理を伝える本を書き、ベストセラーとなった。

さらに、1980年の神奈川金属バット事件を機に、未熟ながら善良で純粋だと思われていた「子ども」が、想定される枠組に収まらない不気味さを持つ「わからない子ども」として描かれるようになり、その恐怖と向き合うことを現代の家族の課題とする論調がメディアで盛んになった。[15] その顕著な例として、子育てを妻に任せて仕事に専念していた俳優が娘の非行や家庭内暴力に立ち向かい、娘を立ち直らせるまでの実体験をつづった『積み木くずし──親と子の二百日戦争』が挙げられるだろう。1982年に刊行された本が300万部のベストセラーになり、翌年にドラマ化・映画化された。ドラマ版は45%という視聴率を記録した。『積み木くずし』がこれほど注目されたのは、持病が原因のいじめをきっかけに子どもが突然変わってしまうという出来事が他人事とは思えないほど、当時、学校の荒廃や家族をめぐるリスク言説が人々に潜在的な不安を与えていたためではないだろうか。

育児をしない男たちが少子化の犯人?

「社会の危機を救え!」という父親たちへの呼びかけはどのようにして起こったのか確認しよう。1990年代に少子化が社会問題となったが、当初の少子化対策は、母親の育児ストレスを少子化の主な原因とみなし、子どもを持つ家庭、および子育て中の女性（特に働く女性）に注目した支援策が中心だった。[16] しかし、父親が育児に関わらず、母親が孤独な育児環境でストレスを抱えながら子育てをせざるを得ない状況（のちに言うワンオペ育児）が問題視され始め、核家族化の進行や父親の長時間労働などに原因があるとの認識が広まった。そこで政府は男性の家庭回帰や育児参画を推進するために、「父親の望ましいあり方」に関するキャンペーンを大々的に展開するようになった。

１９９９年、厚生省（当時）が人気女性歌手の夫（当時）を起用し「育児をしない男を、父とは呼ばない。」「家庭や子育てに『夢』を持てる社会を」というキャンペーンの新聞広告を出し、反響を呼んだ。少子化解消という国の存続にかかわる問題を背景とし、メディアを通じて父親が育児をすることの必要性が公に求められるようになったのがこの時期である。新聞広告やポスターに使われたのは、赤ちゃんを抱きかかえた男性の写真である。「育児をしない男を、父とは呼ばない。」という表題に加え、以下の文字が添えられている。

お父さんでいる時間を、もっと。
一日17分。日本のお父さんが育児にあてている平均時間です。
二人でつくった子どもなのに、
これではお母さん一人で育てているみたい。

妊娠や出産が女性にしかできない大仕事なら、
育児は男性にもできる大仕事なのではないでしょうか。
お父さんたちには子育ての楽しさ、大変さを、もっと知ってほしい。
そして21世紀を担っていってくれる子どもたちのことを、
もっと考えてほしい。
ゆったりと子どもの心を見つめるゆとりを持って、
素敵なお父さんになってください。
家庭や子育てに「夢」を持てる社会を。

「男も女も育児時間を!連絡会（いくじれん）」によると、このキャンペーンは当時、賛否両論の反響を巻き起こしたが、父親を家庭に呼び戻すための世論を喚起するという意味では成果があったという。[17]

大書されている文字は脅しめいた口調だが、小さい文字で添えられた部分は「子育ての楽しさ」「素敵なお父さん」など、全体的にやわらかい語り口である。次世代育成の役割への期待は、2010年のイクメンプロジェクトにおいてもみられるものである。

「イクメン」ブームを支えたもの

ダジャレの造語が新語・流行語大賞にノミネート

「イクメン」が流行語になる2年前から、子育てをする男性たちを一部のテレビ、新聞、雑誌が「イクメン」と呼ぶ動きはあった。しかし、趣味のサークルの名称や「イケメン」に引っかけたダジャレ的な造語として、ごく一部で用いられている言葉に過ぎなかった。新聞データベース（朝日新聞「聞蔵」）で「イクメン」という言葉が含まれる記事は2008年から2009年の2年間で計2件しかない。厚生労働省は、一般的な認知度がなかったこの言葉を用い、2010年6月に「イクメンプロジェクト」を開始した。その年、「イクメン」は2010年の新語・流行語大賞にノミネートされ、「イクメン」という言葉を含む2010年の記事件数（聞蔵）は、116件に急増した。2013年には「イクメン」現象に注目する本が刊行されるほど、[18]社会での認知度が高まっていた。

脅しから英雄扱いへ

1999年のキャンペーンは、話題を呼んだが、「賛否両論」（前掲、いくじれん）と評される。

当時はソーシャルメディアがなく、ポスターや新聞広告という一方通行の形式で父親失格と叱責する口調が反発を招いたのかもしれない。

父親の育児参加を促す言説は、脅迫から称賛へと変化しつつ、その正当性を高めている、と多賀太は指摘する。[19] 1999年の「父とは呼ばない」キャンペーンから10年以上を経た2010年の「イクメンプロジェクト」では、イクメンを「子育てを楽しみ、自分自身も成長する男性」と定義し、能動的に参画していくことを促している。さらに、家庭内の役割分担というレベルにとどめず、イクメンが増えることによるメリットが及ぶ範囲を「社会全体も、もっと豊かに成長していくはず」と拡大している。

「イクメン」という言葉が流行語になるほど定着したのは、多賀が指摘するように「称賛」

レトリックを用いたことが功を奏しているのは確実だが、2010年は、ホームページがあり、双方向的な関係性作りや継続的な参加ができるプロジェクトであったことも大きいだろう。「パパ芸人」がコミュニティサイトで発信したり、イベントに参加したり、「イクメンオブ ザ イヤー」といった表彰制度など、ブームにしていくための仕掛けがうまく機能した。このため、お上から押しつけられたという圧力を感じさせずに人々をお祭り的なイベントに巻き込む雰囲気が生まれていた。

イクメンプロジェクトのページには「イクメンがもっと多くなれば、妻である女性の生き方が、子どもたちの可能性が、家族のあり方が大きく変わっていくはず。そして社会全体も、もっと豊かに成長していくはず」「イクメンプロジェクトは、イクメンの皆さんはもちろん、ご家族、企業、地域の皆さんなどのサポーターとともに育てていく、一大ムーブメント」「家族のあり方を、社会を大きく動かしていくプロジェクト」と書かれている。家庭という私的領域での役割分担にとどまらず、家族を幸せにし、地域や社会、日本の未来を変える公的領域での大仕事でひと肌脱いでみるか、と男たちを駆り立てる夢とロマンに満ちたメッセージだ。

ハリウッド映画では、家族を守るために立ち上がった父親が巨悪と戦い世界を救ったり、普段は平凡な子煩悩な父親が、災害発生時に命がけで黙々と危険な業務を遂行し、人命救助をするといった設定が好まれる。「社会を動かす」という大きなストーリーとの接続が、父親たちのヒーロー願望をくすぐり、自分が目指すべきアイデンティティとして受け入れやすくさせたのではないだろうか。

広告塔となったイクメンたち

イクメンプロジェクトの推進役のひとりだった横浜市の山田正人副市長（当時）は、経済産業省在職中の2004年に霞が関の男性キャリアとして一年間の育児休業を取得した。周囲から「出世、アウト」だなと言われたというが、その経験を著書として刊行して知名度が高まり、自治体の副市長やイクメン推進の旗振り役として活躍する機会を得たといえる。男性の育休取得率が数パーセントというきわめて低い水準であることから、文京区の区長やIT企業の社長が育児休業を取得した際も、メディアで大きく報道された。当時「イクメン」を標榜したり育休を取ることは、組織内での昇進を目指すコースから外れる覚悟が必要だったが、対社会的には所属先や個人の名前を広めるパブリシティ効果がもたらされ、取得者は広告塔の役割を果たしていた。しかし、当時、男性の長期の育休取得が可能なのは、大企業や公的機関など、組織としての体力や余裕があり、福利厚生を充実させることをミッションとしている職場である場合がほとんどであった。また、人事部や組合の所属であるなど、自らが社員の休日取得の推進役である場合は育休を取得しやすいが、組織のなかでは少数派の立場に限られるなど、取得率が低い理由があった。

イクメンプロジェクトをめぐる劇的BEFORE／AFTER

2010年の「イクメンプロジェクト」を機に、メディアを通じてイメージを形成する立場の男性においては、育児に携わることへの社会的評価が肯定的な方向に大きく変わった。それを裏付けるエピソードを挙げておこう。

「イクメンタレント」として有名なタレント（つるの剛士）は、クイズ番組での珍回答で注目され活躍していた2009年に、翌年から育児休業を取得すると宣言した。当時、事務所には事前に相談せずにイベント会場（ベスト・ファーザー賞の受賞式）で育休取得を宣言したため、事務所の反対に遭い、「帰ってくる場所はない」と脅す知り合いもいたという。これは、2010年の「イクメンプロジェクト」以前は、男性タレントが父親業をすることが芸能活動としてプラスに作用しないとみなされていたことを示す。

2011年は、それまで4年間語ってこなかった子ども（2007年に女児、2009年に男児が誕生）の存在や子育てについて初めて雑誌で語る俳優（塚本高史）が現れた。この俳優は2013年には育児雑誌6誌から「ペアレンティングアワード」に選ばれ、表彰されている。これらは、2010年のイクメンプロジェクトを機に「イクメンであること」が好意的に受け止められ、積極的に語られるテーマへと変化したことを裏づけるものといえる。

ブームを支えた利害関係者の連携

イクメンプロジェクト始動の翌月には、同プロジェクトに携わる横浜市の山田副市長が校長を務める「横浜イクメンスクール」が開講された。また、2か月後の2010年8月8日（＝パパの日）には吉本興業が〝パパ芸人〟たちによるコミュニティサイトを開設し、パパの日イベントを開催している。これ以後、イクメン芸人が量産され、子育てを面白おかしく語る父親がメディアに大量に露出することとなった。「イクメン」ブーム化の背景には、こうした地域行政、メディア、芸能プロダクションによる迅速かつ巧みな連携があった。

２０１１年に入ってからも「全国でイクメン支援のイベント相次ぐ」（２０１１年2月19日、ＮＨＫ総合「ニュース７」）といった報道のほか、10月19日（父さん育児の語呂合わせでイクメンの日）に厚生労働省が後援する「イクメン オブ ザ イヤー２０１１」の模様が各局の情報番組で放映されるなど、継続的なメディア露出が行われた。その後も毎年「イクメン オブ ザ イヤー」は開催されており、厚生労働省は後援を続け、国のお墨付きを与えている。

政治のみならず、経済的な思惑も連動した。家族や自分自身の余暇のための消費や子どもの教育に積極的な男性の登場を期待し「新しい父親像」を生産するために創刊された父親向け雑誌群は、男性に新しいアイデンティティを獲得することや変化の必要性を訴え、ハリウッドスターや政治家、スポーツ選手を理想の父親として称揚し、表紙や誌面に登場させ、家族について語らせた。これらがコンテンツとなった。また、広告収入の獲得を目指し、ベビーカーやチャイルドシート、子ども向けの服、おもちゃ、キャンプ用品、男性向け休日ファッションなど、家族と過ごす休日を楽しむためのアイテムを誌面に掲載し、家族のための消費に熱心な新しい父親像の創出が意図された。

厚生労働省の「イクメンプロジェクト」のページには、ロゴマークのデータが掲載され、企業・団体がイクメンサポーター登録を行うと「イクメンロゴをご使用になれます」（厚生労働省）と書かれている。父親向け雑誌のいくつかは、イクメンプロジェクトよりも数年早く創刊されていたが、このロゴを掲載し、進んで政府広報誌のような役割を果たしていた。自らのメッセージ内容の正当性を国が保証しているという後光効果で社会的な影響力を強めたいという意図があってのことだろう。

このような利害関係者による連携が、「イクメンタレント」が盛況となり一大ブームといえる状況を支えていたのである。

夫婦の修羅場の劇場化とイクメンビジネス

2章で言及した男性タレント（アレクサンダー）の妻は元アイドルの女性実業家で、彼自身は、元モデルだがあまり仕事をせず妻に寄生し、それなのに浮気を繰り返す「ダメ男」キャラで知名度を高めた。浮気が発覚した際は妻がスタンガンなどでお仕置きをしたりして話題作りをしていたが、じつは3年間不妊治療を続けており夫婦円満であったことをのちにブログで告白し、おしどり夫婦として好感度が上昇する。しかし、またも夫の浮気が発覚し、激怒した妻が夫と現場検証をする一部始終がブログで面白おかしく披露された。このように、不倫騒動という夫婦の修羅場を爆笑ネタに昇華させ、芸能ニュースとして注目を集めた直後に、妻の待望の妊娠が夫婦連名で発表された。その後、夫は妊婦の妻に連日料理を作り、息子の誕生後はイクメンとなり、育児日記と溺愛ぶりをブログで毎日数十回更新し、２０１７年頃には総合ランキング１位を維持していた。２０２０年2月の時点では男性タレント部門の2位に位置している。

アメーバブログの運営会社が広告主向けに作成した資料「Ameba Official Blog Media Guide」[20]によると、アメーバ芸能人・有名人ブログは、ニュースソースとしてニュースメディアに注目され、エンタメ情報として消費者に注目されることにより、広告媒体としての価値が生まれるという。企業の商材に関する情報をアメーバ人気の芸能人・有名人ブロガーが紹介することで、商品・サービスの認知度やブランド価値の向上を図るマーケティング手法を提案している。この資料によると、ブログで商品が紹介された場合、1記事あたり、40万円から４００万円の料金が発生し、著名人の知名度やアクセス数により、料金は異なるという。

前述の男性タレント（アレクサンダー）は、ダメ夫というキャラクターで認知された後、イクメンとしての成長ぶりが注目され、ＣＭやテレビ番組に出演するようになった。一般社会の父親とは異なり、〈私〉領域で良き父であり熱心に子育てをし、そのイメージが消費され、〈公〉領域での仕事につながっている。月に４００〜５００件更新される彼のページでは、妻や子どもとの日常を写真と共に紹介する記事の最後に妻がプロデュースするアパレルブランドの商品が表示され、クリックで購入できる仕様になっている。彼の年収は３０００〜４０００万円であることを２０１９年に妻がバラエティ番組で明かしている。彼は、ヒモを装いながら、常時家族の生活を公開して収入を得る家族ぐるみのビジネスを展開する実業家になっていたのである。

レジャーの流行と家族の休日の関係

ゴルフ離れ、スキー離れ

仕事よりも家庭を重視する人々の増加は、経済にも影響を与えている。

昭和のサラリーマンは、平日の帰りが遅く、休日にもゴルフなどで家を空けがちだった。往復も含めると一日がかりになり、子どもがいる家庭だと妻はワンオペになる。ゴルフは、家族サービスとの両立を困難にしやすいスポーツだ。そのためか、ゴルフ人口が減り、ゴルフ場の倒産が続いている。

ゴルフは企業の経費を用いた接待や上司・同僚との付き合いで行われることが多いが、経費削減で接待ゴルフをやめる企業も増えているという。終身雇用や年功序列が崩壊したいま、自分の時間やテリトリーを大切にする意識は高まっており、休日に仕事仲間や取引先と過ごすことへの抵抗も強い。車を持たない人、趣味にお金をかける余裕がない人も多く、自腹の趣味としてはハードルが高い。

子どもの有無を問わず、さまざまな理由で若い世代がゴルフ場に行く機会自体が減っていると思われるが、家族中心志向が強まったことによる影響も多少はありそうだ。

スキー離れも進んでいる。2016年のスキー人口は330万人で、最盛期（1993年、約1800万人）の2割程度にとどまっている。子連れスキーも可能だが、子どもの様子を見ながらだと親は滑走できず、腰をかがめて子どもをサポートし続けるのは、なかなかの苦行である。移動や装備に費用もかかり、ケガや事故などのリスクもあり、スキーはよほど好きな人でないと、家族全員で楽しむ趣味とするにはハードルが高い。

自然を制圧するオレ、カッコイイ

3章でも述べたが、2005年から2006年頃に子どもを持つ男性向けの雑誌が相次いで創刊された。すでにそれらの半数以上が休刊したが、それらの目指す方向性は、子どもの教育と学歴達成（『プレジデントファミリー』『日経 Kids+』『AERA with Kids』など）、家族と過ごすオフタイムの充実（『OCEANS』『FQ JAPAN』『Men's LEE』など）に二分される。前者は公的領域における社会的な地位の獲得を子どもに期待する父親を対象としており、教育誌のカテゴリに属する。後者は男性の私的領域を充実させるための情報を提供するライフスタイル誌だ。子どもを持つと車、住宅、保険など、大きな買い物の機会が生まれる。現代の父親は家庭を妻任せにせず、家族のために自ら動くことが期待されているため、乳幼児を持つ父親にはベビーカー、チャイルドシート、男性用抱っこ紐、おもちゃ、未就学児の父親には子ども服、知育玩具、アウトドア用品、共働き家庭の父親には時短家電、といった家族向けの商品やサービスの広告が父親向けのライフスタイル誌に掲載されている。雑誌の発行部数が伸び悩むなか、紙での発行を止めてデジタル版のみに切り替えたり、無料のダイジェスト版を配布するなどして存続を図るものもある。『FQ JAPAN』は、ダイジェスト版を玩具店や赤ちゃん用品店（トイザらス・ベビーザらス）などで無料配布しており、広告媒体としての機能が中心だ。

父親向けのライフスタイル誌でよく組まれているのが、キャンプやバーベキュー、海や川でのスポーツなど、アウトドア関連の記事である。男の子育てとされるものの多くは、平日に行われている（日本の男性の家事育児時間の短さから想定し、その多くを妻が母として担っている）家事・育児とは異なり、非日常性と娯楽性が高いイベントが中心で、テントの設営や薪割り、火おこしなど、母親が苦手とする力仕事が多い。自然を制圧し、コントロール下に置くという伝統的な「男らしさ」をアピールできる場面でもある。

家族で楽しむ余暇としてキャンプが人気

スキー離れ、ゴルフ離れが進むといわれるなか、家族が休日を過ごし、父親が活躍できる場であるためか、キャンプ人口は増加中である。ソロキャンプYouTuberとなったお笑い芸人・ヒロシの動画に影響され、ひとりでキャンプをするソロキャンパーが増えてきたといわれるが、アウトドア業界団体の2018年の調査によるとソロキャンパーは5％程度に過ぎず、利用者の6割以上が子連れである。1990年代は年間1500万人のキャンプ人口があり、その頃に親とキャンプを楽しんだ団塊ジュニアが子どもを連れてキャンプ地を訪れるようになったといわれる。テントのすぐ脇まで自動車を乗り入れ、荷物を運搬できるオートキャンプの人気が高い。

「スキー、スノボはアルペン」というCMで有名だったアルペンは、業績悪化のため早期退職者を募り、2018年からキャンプ用品中心の大型店舗の全国展開を進めている。同社はネット通販との差別化として「体験」ができる点を強調する。確かに、テントやテーブルの実物に触れ、サイズや重さ、素材の色や質感を確認できる利点はあり、家族と訪れることで使用場面を想像しやすい。同社は家族や友人と焚き火を囲む「ワクワク」、ランタンを灯し、家族でキャンプ飯を作る「ワクワク」をサポートする、というメッセージをホームページに記載している。子ども向けの服や雑貨を扱い、店舗内に子どもが遊べるキッズスペースもある。中心的な顧客として家族を想定していることは明らかだ。キャンプが一過性のブームに終わらず家族の余暇として定着するかどうかが、同社の命運を左右しそうである。

column 04
ロイヤルファミリーとメディア

世界でもっとも有名な家族といえば英国王室ファミリーだろう。イギリスでは王室報道が過激かつ執拗で、パパラッチの車がダイアナ妃の乗る車を追いかけ回し、事故死を招いたこともあった。当時幼かったヘンリー王子のメディア嫌いは根深いようだ。ヘンリー王子と交際中の頃から、メーガンに関する中傷や嫌がらせがひどく、王室がメディア報道に抗議する声明を出したこともある。結婚後、夫妻はタブロイド紙を訴えたが、彼らはプライバシーを侵害する攻撃的な報道を「公共の利益」と正当化しており、自粛されることはなかった。

本稿執筆中、ヘンリー王子夫妻がインスタグラムで「私たちは王室の主要メンバーを退く」と発表し、世界に衝撃を与えた。タブロイド紙の誹謗中傷に辟易したとみられる。エリザベス女王は、夫妻が公務から引退するという声明を出したが、その際、ファーストネームで「最愛の家族」と呼びかけ、彼らの希望する自由を認めるというスタンスを取った。

公務からは離脱するものの、彼らの警備費用は巨額で、それらに公金が用いられると推測されることから「公私混同」との指摘もある。実際、彼らの収入の大部分を占めるのは税収でなくチャールズ皇太子が所有する領地からの収益といわれるが、彼らは経済的自立を目指し、爵位の「サセックスロイヤル」を商標登録した。しかし、これもまた王室ブランドの私的利用ではないかと物議を醸すこととなり、結局、彼らは「ロイヤル」の名称使用を断念したといわれる。これらも〈公〉〈私〉の線引きをめぐる諸問題で、今後も目が離せない。

一方、日本の天皇家は、かつては公にされない情報が多く「菊のカーテン」で隔てられているといわれていた。開かれた皇室が目指され、私たちは遠い親戚のような感覚を抱きながら皇室の人々の人生を見守るようになった。

皇后雅子様が国民祭典で嵐の歌を聴いて涙を流す様子には、多くの人が歌詞と彼女の人生を勝手に重ねて「いろいろあったけど、よかったね」と感情移入したようだ。上皇后美智子様が結婚を決意したのは「家庭を持つまでは絶対死んではいけないと思った」という皇太子（当時）の「寂しい言葉」を聞いて、力を尽くし温かい家庭を作りたいと思ったためだという。[21] 未来の天皇が背負う責任の重さや孤独感は想像を絶するが、ささやかな幸せをかなえようとした若き日の皇太子妃（当時）に待ち受ける苦労も知っているだけに、語られなかった本心の吐露には心を動かされる。

5　〈公〉〈私〉の揺らぎと家族の変容

浸食し合う〈公〉〈私〉の境界線

「混ぜるなキケン」という思考停止状態

男は〈公〉領域、女は〈私〉領域、という性別による線引きは〈公〉〈私〉の定義や境界線が明確であるという前提に立つ。「もし誰もが自分自身のことを公的な領域で実践するとしたら、どの程度の領域までがもはや公的ではないのか」[1]とかつてデュ・ゲイらは問うたが、その後、〈公〉〈私〉の定義やあり方について問い直す必要性は高まっている。

本書の執筆中、「桜を見る会」事件が明るみに出た。税金で行われる公的行事に首相が自らの選挙区の後援会関係者を大量に招待していたことや「私人である」ということになっている彼の妻[2]も自らの客を招いていたことなど一連の流れが「公私混同」と批判された。この言葉が私利私欲に走る者への戒めとして用いられることに異論をはさむ余地はない。

しかし、一般社会では、仕事の場にプライベートな事情を持ち込むべきではないという強い規範が作用し、〈公〉〈私〉が分断され、かつ〈公〉が上位に置かれてきた。それにより、多くの弊害がもたらされてきた。日本の職場では、個人的な事情よりも組織の利益やルールを優先させるべき、という同調圧力が働いている。家庭責任を担っていない人々が作り、運用してきたものゆえに、それらのルールは子育てや介護などといった家庭でのケア役割を担う労働者の存在を想定しておらず、働きにくさからの離脱も起こっていた。近年、その課題解決のために在宅勤務や企業内託児所などの整備が進んでいる。さらに、2020年には新型コロナウイルスの感染防止のため、外出自粛が求められ、テレワークの導入が進んだ。〈公〉領域と〈私〉領域の境界線が変わりつつある状況である。

メディアの動きに目を向けると、男性の〈私〉領域を充実させるためのライフスタイル誌が創刊され、父親が家族のケアや日常生活を公開するブログが注目を集め、「イクメン」が称揚されている。芸能人カップルの妊娠・出産というプライベートな話題がビジネス文書風のフォーマットで広く発信され、大臣が喜びのコメントをする。このような、かつては公私混同と批判されたであろう「子育て」関連の話題が公の場に持ち出されるようになったのは、少子化が社会問題化し、国の存亡を賭ける課題とされ、〈公〉の関心事となったためだ。

働き方改革と〈公〉〈私〉領域の再編成

日本の生活保障システムは、企業が家族を養う男性に安定した雇用と賃金を提供する形で女性や子どもが福祉の恩恵を受け、保育や介護などの家族のケアは家族内で行うという「男性稼ぎ主型」という特徴を持つことを大沢真理が指摘している。[3] 男性は家庭のことは妻に任せて仕事に励み、女性は夫に扶養されて家事や育児、介護を担うという〈公〉〈私〉の分業体制が、高度経済成長期には巧みに機能していた。職場が家庭から切り離され、家族をケアする責任を持たない大人の世界で経済効率を追求し続けることが許され、むしろ美徳とされた。私的領域にケアの担い手がいたからこそ、長時間労働も可能になり、経済成長が実現したともいえる。これが日本の成功体験となったためか、その後、経済状況が悪化し、終身雇用や年功序列の雇用慣行が崩れ、企業が家族を守る体制は弱まっても、長時間労働は解消されないままだった。

しかし、ストレスによる健康被害や離職による労働力不足などが問題視されるようになり、生産性向上のために労働者の生活全体の満足度を高めるべきだという声が高まり「働き方改革」が始まった。体制が持続可能ではないため、モデルを変えるための取り組みが行われることとなり、残業時間の上限規制やテレワーク（在宅勤務）の推奨、労働力確保のための多様な人材の活用などが目指すべきとされている。仕事中心の生活をしてきた男性は〈私〉領域の充実が求められ、女性は〈公〉領域で活躍することが求められるようになった。

「女性の社会進出」って何よ？

働く女性の増加や男性比率が高い職業・地位に就く女性の増加を言及する際に「女性の社会進出」という表現が用いられる。しかし、妙な言葉である。企業の管理職や政治に携わる女性は少ないものの、１９９０年代後半からは、共働き世帯のほうが専業主婦がいる世帯よりも多い状態が続いてきた。その差は拡大する一方で、２０１８年には共働き世帯と専業主婦世帯の比率が２対１になっている。つまり、労働社会への女性の進出はとうに達成済みである。また、そもそも家族や村落も社会の主要な形態のひとつ[4]とされており、有史以来、女性は常に社会に存在していた。女性が排除されてきた政治や経済などに関わる部分を「社会」とみなす考え方が、このような不思議な表現を成立させているのだろう。後述するが、公的な文書では同様の文脈で「社会進出」に代わり「活躍」という表現が用いられる頻度が高まっている。
〈公〉領域で女性が少数派なのは日本だけではなく、男女差の是正は各国の課題となっている。世界経済フォーラムは政治・経済・教育・健康の４部門における男女の格差をスコア化し、国ごとにランク付けした「グローバル・ジェンダー・ギャップ指数」を毎年発表している。日本は下位の常連国となりつつあり、２０１９年は１５３か国中１２１位であった。男女平等の実現を目指す国際社会の潮流から取り残されている状況だ。

　Ｇ７ではドイツ、フランス、カナダが上位20か国のリストに名を連ね、以下、イギリス21位、アメリカ53位、イタリア76位……と続く。Ｇ７で１００位に入っていないのは日本だけである。日本の４部門の成績をみると、健康（40位）以外は下から数えたほうが早く、教育91位、経済１１５位、政治１４４位で、とりわけ政治は世界のワーストテンに入っている。

　２００３年に「社会のあらゆる分野において、２０２０年までに指導的地位に女性が占める割合が少なくとも30％程度とする」という目標が設定された。[5]さまざまな施策が行われたが、功を奏さないまま２０２０年が迫り、２０１６年には女性活躍推進法（女性の職業生活における活躍の推進に関する法律）が施行された。以後、政府の報告書や白書などでは「社会進出」でなく「活躍」という表現を目にする機会が増えた。「活躍」とは、非正規雇用から正規雇用への転換、就業継続、管理職への昇進、退職者の再雇用などである。これに取り組むと、公共事業の受注や経営資金の調達などが有利になるといった実利もあり、企業は熱心だ。世界ランキングでは下位にとどまっているが、取り組みの成果がないわけではない。たとえば、日本や韓国では子育て期に仕事を離れる女性が多いことが問題視されてきた。年齢層別の労働力率のグラフがM字型の曲線になっており、2000年の時点では、30〜34歳の女性の労働力率は57%で、アメリカ(76%)に比べ、20ポイント近く低かった。しかし、2017年には75・2%となり、アメリカ(74・5%)を上回っている。

「家庭の用事も重視せよ」が現代の夫への期待

女性が働くことが推奨され、実態としても労働力率が上がってきた。意識の面ではどうだろうか。「全国家庭動向調査」では、「結婚後は、夫は外で働き、妻は主婦業に専念すべきだ」という性別役割分業について、「賛成」と考える人の割合は減少傾向が続き、2018年の時点では3割台になっている(**図7**)。また、配偶者を持つ女性の84%が「夫も家事や育児を平等に分担すべきだ」という意見に「賛成」と考えている。

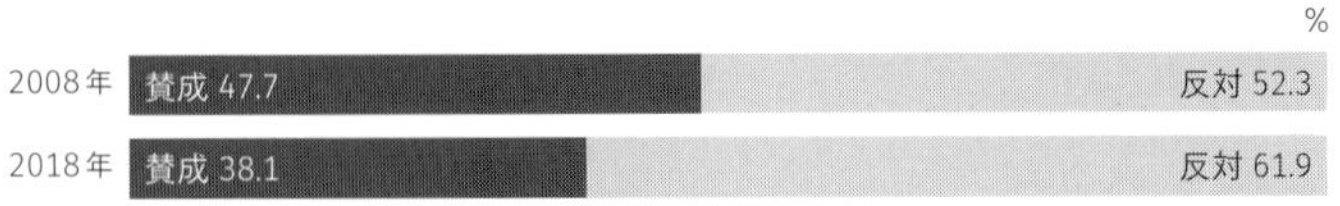

図7　「結婚後は、夫は外で働き、妻は主婦業に専念すべきだ」に対する賛否の割合
国立社会保障・人口問題研究所「全国家庭動向調査」第5回(2008年)・第6回(2018年)の結果をもとに筆者作成

図8　「子どもが3才くらいまでは、母親は仕事を持たず育児に専念したほうがよい」に対する賛否の割合
国立社会保障・人口問題研究所「全国家庭動向調査」第5回(2008年)・第6回(2018年)の結果をもとに筆者作成

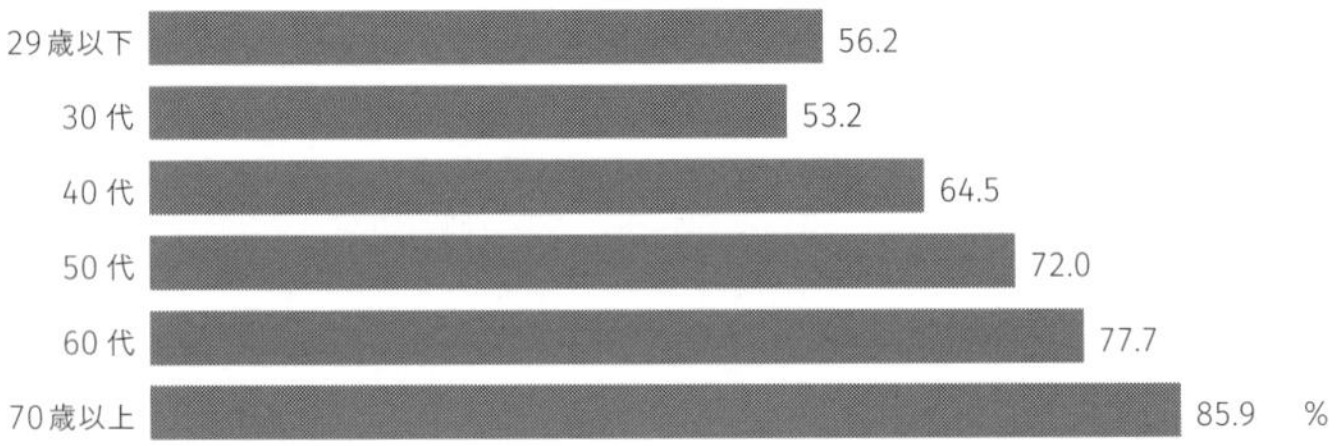

図9　「子どもが3才くらいまでは、母親は仕事を持たず育児に専念したほうがよい」という意見への妻の賛成割合(年齢別)
国立社会保障・人口問題研究所「第6回全国家庭動向調査」の結果をもとに筆者作成

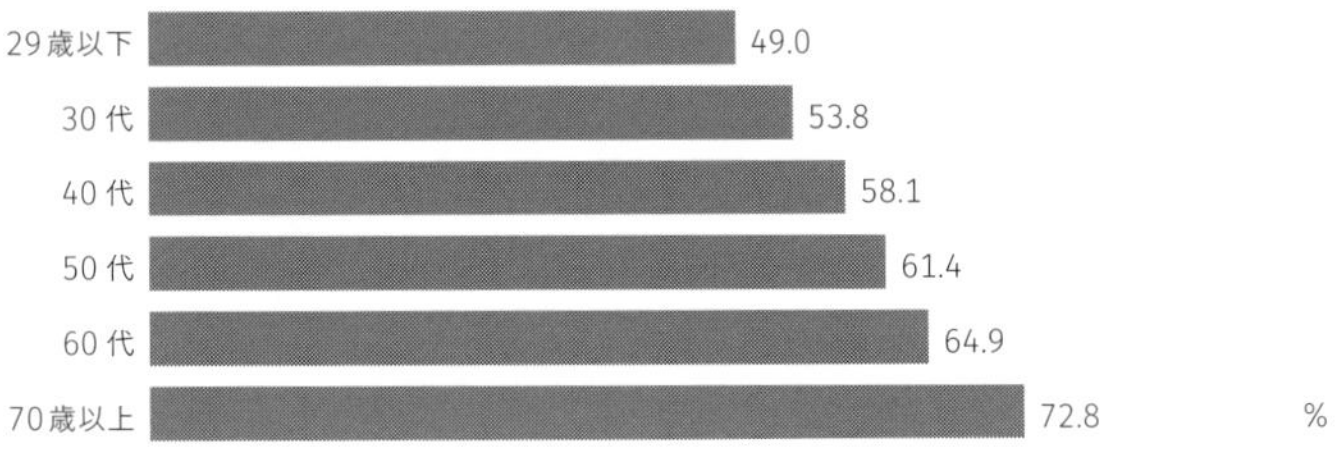

図10　「夫は、会社の仕事と家庭の用事が重なったときは、会社の仕事を優先すべきだ」という意見への妻の賛成割合(年齢別)
国立社会保障・人口問題研究所「第6回全国家庭動向調査」の結果をもとに筆者作成

また、「子どもが3才くらいまでは、母親は仕事を持たず育児に専念したほうがよい」という3歳児神話については、年齢・性別を分けずに全体の傾向をみると、7割以上が賛成している（図8）が、それでも賛成派は減りつつある。世代別にみると、子育て期にあたる20代から40代の女性の賛成派が5〜6割であるのに対し、その親の世代は7〜8割で、世代間の意識の差が顕著である（図9）。

注目すべきは「会社の仕事と家庭の用事が重なったとき、夫は会社の仕事を優先すべきだ」という意見について、反対派の妻が年々増加傾向にあり、特に29歳以下の年齢層では賛成派は半数以下（２０１８年）になっていることだ（図10）。かつては「亭主、〝元気で留守〟がいい」が流行語だったが、〈私〉領域にもっと時間とエネルギーを注いでほしいと夫に望む妻が増加している。

すでに述べたとおり、意識の面では男女ともに〈公〉〈私〉の両領域での活動をバランスよく行うことが理想となっている。しかし、実態は理想どおりではなく、性別によって主な活動領域が異なるアンバランスな状態が依然として続いている。

仕事のあとの、もうひとつのシフト

２０１９年のクリスマス、第２６６代ローマ教皇フランシスコはキリスト降誕（Nativity）の絵に「これは〝お母さんを休ませましょう〟という場面だといわれています」という解釈を多言語で添え、インスタグラムで発信した。ヨセフが生後まもないキリストを抱き、聖母マリアがベッドで休息をとっている絵である。調べたところ、伝統的な宗教画ではないようだ。教皇には、ツイッター５０００万人弱（９言語の合計）、インスタグラム約６５０万人のフォロワーがいる。この投稿には「いいね」約40万件、コメント４０００件以上の反響が寄せられた。ビジュアルイメージが中心のインスタグラムだけに、コメント欄もハートマークや祈りの絵文字など、非言語的な反応や「最高」「完璧」「パパ愛してる」[6]といった短い賛辞が多い。教皇が「休ませてあげよう」とクリスマスに提案し多くの賛同を得るほど、キリスト教圏でも女性が家事や育児など〈私〉領域の主な担い手となっており、男性の育児参加が求められていることがわかる。

１９８０年代のアメリカで共働き夫婦を調査した社会学者・ホックシールドは、職場での賃金などの格差に加え、家庭でも「余暇ギャップ」があるとし、女性が〈公〉〈私〉両領域で有償・無償の労働に従事していることを以下のように表現した。

　ほとんどの女性はオフィスや工場でまず一つ目の勤務をこなし、家庭に帰れば第二の勤務（セカンド・シフト）」が待っているのである。[7]

　ホックシールドは「ファースト・シフト」（賃金労働）と「セカンド・シフト」（家事・育児という「再生産労働」）をめぐり、夫婦の間に緊張関係や物理的・感情的亀裂が生まれ、それを回避するためのさまざまな戦略（妻による家事の合理化、夫が妻に感謝を示すという情緒的サポートなど）が展開されることを１９８９年の著書で指摘した。

　そこから30年が経ったいま、夫が「頑張ってるね」とか「ありがとう」と感謝を示すだけで妻だけが時間のやりくりに追われていては不十分であろう。「手伝うよ」と当事者意識に欠けた言葉を発したり目立つパフォーマンスだけ張り切る「自称イクメン」に辟易する妻も少なくない。家庭内で孤軍奮闘していた女性たちがＳＮＳで不満を共有できるようになったのだ。

家事や育児は押し付け合うものなのか

フルタイム勤務の男女はどの程度、家事をしているか

１９８０年代のアメリカでは家庭内での男女の家事・育児時間に大きなギャップが存在していた。しかし、その後、状況は変わったようだ。家族と性役割の変化に関する国際比較調査（２０１２年）[8]によると、アメリカではフルタイム勤務者の家事時間は、性別を問わず週に5～20時間という層が最多（男性の66％、女性の55％）であった。仕事を持つ男女の家事時間の差が小さい理由は、外注で家事時間が短縮されていることや、男性の家事時間が増加した結果と考えられる。同調査の日本の結果では、フルタイム勤務者の家事時間の男女差が大きい。週に20時間以上家事をする女性が62％いるのに対し、男性は2％しかいなかった。逆に、週の家事時間が5時間以内の女性は7％と少数派だが、男性は72％を占めていた（いず

れもフルタイム勤務者）。

そこから6年後の日本の状況を国立社会保障・人口問題研究所の「第6回全国家庭動向調査」（2018年実施）[9]で確認してみると、フルタイムで働く妻の平日の家事時間は平均約3時間（187分）で、専業主婦（352分）の半分だが、夫婦間の役割分担をみると、フルタイム勤務の妻の6割が家事全体の8割以上を担っている。アメリカの女性はセカンド・シフトから解放されつつあるが、日本では家事の外注が進んでおらず、フルタイム勤務の女性の家事時間は長い。全体として、日本の妻は平日に4時間半の家事（料理や掃除など）をしているが、夫は30分強である。5年前に比べ、妻の家事時間は17分減り、夫の家事時間は6分増えているというが、それでも差は大きいままである。

日本の女性は家庭外での有償労働をしていても、ワンオペ育児という言葉に象徴されるように、家庭での責任を中心的に担い続けており、家庭と仕事で二重の負担を背負っているということになる。

家事や育児にかける時間の決まり方

家族社会学は、夫婦の家事分担がどのような要因で決まるかを研究の対象としてきた。主な仮説として、相対的資源説（社会経済的な資源を妻より多く持つ夫は家事をしない）、時間制約説（時間があるほうが家事を多くする）、イデオロギー／性役割説（性別役割分業を肯定する夫は家事をしない）、代替的マンパワー説（夫婦以外に担い手がいれば夫の家事参加が減る）、ニーズ説（末子の年齢や子どもの人数などで、必要に迫られればする）、情緒関係説（夫婦関係が良ければ、夫の家事参加が増える）などがある。

これらの仮説は「自分でやりたい」という積極的な動機や、それによりもたらされる「幸福感」などを規定要因として想定せず「義務」「責任」「負担」という負の側面のみをとらえている。とくに、相対的資源説は、学歴や収入、職業的地位といった社会経済的な資源が大きい方が家事の負担を免除されるという考え方で、家事分担を「苦行をめぐるパワーゲーム」とみなしている。ホックシールドは男性が〝セカンド・シフト〟を共有する意志を見せると、役割分担をめぐる夫婦の緊張関係がやわらぐと指摘している。そこには情緒関係やイデオロギーが作用することが想像されるが、家事を「負担」ととらえている点では相対的資源説と同じ前提に立つ。また、夫がセカンド・シフトに入るために必要な時間が長時間労働によって奪われているという指摘は時間制約説の主張と一致する。

日本では家事や育児に手間をかけた「丁寧な暮らし」を規範化する傾向が強く、家事を丁寧にし過ぎる弊害[10]が指摘される。しかし、メディア表象の分析を通じ、筆者が感じるのは家事・育児を「労働」としてとらえ、経済合理性に支配された有償労働の延長線上で「賃金が支払われないもう一つの労働」とし、不平等の指標として扱うことへの違和感である。

そもそも家事や育児とは勢力争いで負けたほうが「負担」として課される罰ゲームのような作業なのか。他の人が肩代わりしてくれたらそれで良いのか。必要に迫られたときだけ渋々やることなのか。家事や育児を「労働」ととらえるか否か、日本女性の家事・育児時間が減らない原因（それを自らやることに固執する動機）、どのような暮らしを理想とするか、といった価値観に注目すべきではないだろうか。それらは、アンケート用紙を用いて「家事にかけた時間の長さ」を調べても解明できず、これまで十分に検討されてきていない部分だ。

丁寧な暮らしを実現する権利

ひとりで暮らしていても、衣食住へのこだわりを反映させた「丁寧な暮らし」は、人生や生活の満足度を向上させる。たとえば、快適な住環境をＤＩＹで実現し、好きな絵を部屋に飾ること。食材や調理法に自分や家族の好みを反映させた料理を手作りし、好きな器に盛りつけること。多種多様な仕上げ効果や香りがついた洗剤・柔軟仕上げ剤を使い分けてお気に入りの服を洗い、アイロンがけして外出に備えること。このような日常的な営みのひとつひとつを充実させることに幸福を感じる人は、家事時間が長くなりやすいだろう。

「丁寧な暮らし」には「愛情」という名のもとに搾取される無償労働という側面もあり、それが過度に規範化されることで、個人の負担増につながることや、〈私〉領域中心の生活が選好され経済的な自立が阻害されるというリスクも想定される。しかし、家族で「おいしいね」と言いながら食卓を囲む幸福感や、その写真をＳＮＳで発信することで満たされる承認欲求など、経済合理性では測れない価値も存在する。それらが重視されるからこそ、長時間の労力が注がれ続けていると考えられる。

日本で家事の外注が進まない原因としては、「義務」や「責任」を果たすべきとする「べき」論にもとづく役割規範から抵抗を持つ人が多いことが指摘されてきた。しかし、前節の図で示したように、性別役割分業や3歳児神話といった役割規範への抵抗は強まっており、それだけでは説明できない。家事や育児の行為自体に魅力を感じ、他人に委ねずに自らが行うことに価値が見出され、それを実現することを「権利」として行使したいという意識が強まっているのではないだろうか。

部屋の掃除や片付けは、かつては家庭内で主婦が行う家事とされていたが、情報やモノが飽和するにつれ、仕事に役立つ情報整理術、自分探し、開運のための儀式、終活に向けた断捨離など、さまざまな目的で行われ、老若男女向けの「よりよく生きるための方策」となっている。料理や洗濯なども、掃除や片付けと同様に、誰もが生きるうえで必要なことであり、非婚化・晩婚化・離婚によりそれらを女性に任せられない男性も増えているので、今後は性別との結びつきが弱まっていくと考えられる。育児に関しても、「手伝う」という他人事のような口調で語ることは「自分の子どもなのだから、男性もするのが当たり前」という真っ当なツッコミが行われるようになり、多少の貢献で「イクメン」を標榜する「自称イクメン」も女性の不興を買うなど、男女の役割の偏りが是正される方向に向かう兆しはある。

すでに述べたとおり、欧米の研究では、21世紀の映画やドラマなどで、子煩悩で家族愛が強く家事やこまごまとした家庭内の雑事を喜んで行うような男性像が好評価を得ており、規範となりつつあることが指摘されている。日本でも、家族が増えることを公の場で報告し、家族との日常を雑誌やSNSで語る行為が共感され、CMではオタク的な態度で洗濯を探求しようと楽しむ男性や子どもと手をつなぎながら通勤する途中でゴミを捨てるビジネスマンがカッコいい男性として描かれている。ここには、男性が家事を行う際の規定要因として想定されてこなかった「やりたいから」「楽しみたいから」という肯定的な意味づけと動機付けが見られる。

「家事をしたがる男性たち」をどう見るか

筆者は小学生以下の子どもを持つ男性労働者24名を対象とするヒアリング調査[11]に携わった経験があるが、調査協力者の中に「料理が好きなので週末は食事を作る」「洗濯が大好きで幸せを感じる」など、家事を楽しみととらえ進んでやりたがる男性が複数いた。彼らは「妻が専業主婦なので、早く帰ることが職場で認められない」などとも言っており、実際にはさほど家事や育児をしていない。しかし、家事にかけられる時間が妻よりも少ないことを不服としている。

その一方で、妻の帰宅時間が遅く、平日、仕事の後に家事と育児をワンオペで回している調査協力者の男性は、強いストレスを感じていた。日本の既婚女性は彼と同様に、好むと好まざるとにかかわらず、得意・不得意や就労状況にかかわらず、多くの家庭で主たる家事の担い手となっている。そのためか、女性から「もっと家事をしたいができない」という声を聞く機会はあまりない。男性たちは、週末だけ、あるいは好きな家事や得意な家事だけ、という責任を負わない立場だからこそ、趣味のように「好き」「やりたい」などと言う余力があると考えられる。とはいえ、家事や育児に対し、「義務」「責任」「負担」では説明できないモチベーションを持つ男性の存在は、注目に値する。

「家族の絆」言説の過熱化とその弊害

SNSによる家事・育児の可視化

「逃げ恥」のヒロインが家事代行の雇い主で「プロの独身」を自認するヒラマサさんとの結婚が決まって悩み始めたように、家事を外注すると賃金が支払われるが、家族が担うと無償となる。これについては、イヴァン・イリイチが著書『シャドウ・ワーク』で、市場経済の進展に伴い、家事などが賃労働を補完する無払い労働という意味に変質したことを指摘している。賃労働は、中世では「惨めな仕事」とされていた。その後、勤勉に働き蓄財することを美徳とするプロテスタンティズムの浸透により、賃労働は喜びを伴う崇高な行為となった。そして、それを担う男性が優位に立つ構図が作られ、家事や買い物などは女性が無償で行う賃労働として、低位に置かれるようになった。後者は人間の本来的な生活の自立と自存に寄与し、貨幣価値での換算ができないものであったにもかかわらず、である。

近代家族は、ケア活動を不可視化することでその秩序を維持してきたとされる[12]が、〈私〉領域のものとされてきた話題が〈公〉的なものとなり、SNSでケア活動や家事が可視化されるようになった。〈私〉領域の経験とみなされてきた子どもの世話や料理などを毎日数十回更新するブログで人気を集め高収入を得るようになった男性タレントの事例のように、ケアの実践や発言が多くの人の注目を集めるようになると、社会的な影響力が生まれ、経済効果が発生する。一般人でも、料理や片付けが得意な主婦がその様子をSNSで更新し、反響が大きくなり、それをビジネスにした例もある。ステップファミリーの日常をイラストをまじえてつづり、多くのフォロワーを獲得し、国会図書館に収められたブログ[13]もある。〈私〉領域とされてきた家庭にいながら社会とつながり、影響力や経済力を持つことが可能になっている。このように、活動の場所も内容も〈私〉領域のものとみなされてきたものでありながら、〈公〉領域と接続される事例が少なくない。

この例にもれず、私たちの生活の諸活動において、公私の領域が交差している。子どもへの愛情や手間をかけた家事育児などが「丁寧な生活」「幸せそうな生活」といった他者からの評価の対象となってしまうと「家族とケアの規範的な結びつきという近代家族的な価値[14]」

が意識されないまま、ますます規範として強化される危険もはらんでいる。ケアの可視化や公私の境界線の曖昧化が性別役割分業の解体につながるかどうかは、まだ明らかではない。

「家庭のことは家庭内で」と抱え込むリスク

2019年、無職の中高年男性による殺傷事件が相次ぐなか、70代の元官僚が「自分の息子が第三者に危害を加えるかもしれない」と無職の40代の長男を殺す事件が起こった。元官僚は長男のことを周囲に話すことはなく、責任を抱え込み孤立していた。同情的な反応も多かったが、警察や行政、支援団体などに相談するといった対処が行われなかったことが招いた悲劇といわれる。

内閣府の発表（2019年3月）によると、自宅に半年以上閉じこもっている「ひきこもり」状態の中高年層（40～64歳）が全国に推計61万人いるという。2015年度の調査では、若年層（15～39歳）で引きこもり状態にある人は54万人と推計されており、若者の問題ではなかったことが明らかになった。ひきこもる中高年とその親が孤立した状態になることが「8050問題」といわれる。筒井淳也は家族が福祉の担い手として期待され、重い負担を背負うことで破綻するというメカニズムに警鐘を鳴らしている。[15]「家族のことは家庭内で責任を取るべきだ」など、「家族なら、こうすべき」という固定概念や「自己責任」「自助努力」で乗り越えられないケースも今後は相当数、出てくるのではないだろうか。

「仕事も家庭も」をこなす超人の規範化

21世紀に入り、ハリウッド映画や父親向け雑誌、CMなどで表象され規範化される父親像は、「仕事も家庭もデキる」という特徴があることは前述のとおりだが、インタビューに協力してくれた父親たちにもその傾向は見られた。

家事や育児が〈私ごと〉とされ、職場に持ち込むことが禁じられているなか、子育てには熱心で、仕事で挑戦や努力をする姿勢を子どもにも見せ、伝えることを重視している父親が複数存在した。職場で家庭の事情により時短や休みを取ることについても仕事で成果を出すことがその条件となるなど、仕事と家庭の板挟みになりながらも、子どものお手本となり、〈私〉領域を充実させ、職場の労働慣行を変える流れの担い手となるなど、さまざまな方面で成果を出そうと努力している様子がうかがえる。

事情により時短勤務や主夫業をすることになった男性以外は、仕事での昇進や昇給を目指す競争から降りることはなく〈私〉領域を充実させようと試みており、負担が増えていることが想像される。弱音を吐かず、なんでもできるスーパーマン的な存在であることが現代の男性たちの規範として内面化されているとしたら、かなり心身の負担となっているはずだ。

子なしハラスメントと対抗言説

少子化の解決が国家的な課題となっているため、「親になったからこそわかることがある」「父として、子どもたちのために……」など「父」「母」であることやその意義が語られる場面は多い。その種の言説はときに子どもを持つことを社会的責任や圧倒的な善として規範化し他者への配慮を欠いたものとなる場合がある。その種の圧力について、抵抗や違和感を表明する言説も現れ、一定の反響や支持を得ている。

読売新聞で書評を連載していた人気女優（小泉今日子）が、『四十九日のレシピ』の書評の回に自分が子どもを持たなかったことについて言及した。その回が数ある書評の中でもっとも反響が大きかったという。40代を迎え「人生の中で、やり残したことがあるとしたら自分の子供を持つこと」だと思っていた彼女は、ある小説を読み、「そんな思いから少しだけ解放された」と、以下のような思いをつづっている。

子供がいようがいまいが、大切な人に惜しみない愛情を注げる人になりたいと思った。形のあるものじゃなく、誰かの心の中に、ほんのりと温かい小さな光のような思い出をいくつか残すことが出来たら、自分の生きた人生にようやく意味を感じられるような気がした。

（『小泉今日子書評集』）

現代社会において子どもを持つことは精神的な価値を持つ行為[16]とされる。10代の頃から高い人気を誇り、同性の憧れの存在となっている小泉今日子ですら、子どもを持たなかったことを「形のあるもの」を残せなかったととらえ「自分の生きた人生」の意味を問うてしまう。「胸の痛いところがあるし、だけどそれをなかなか人に言うことでもないという感覚がある」が、書評という形態だから書けたとも言っており、負い目のようなものを感じていることがわかる。

この告白が話題となった2年後、別の人物による「子どもを持たないことに葛藤は感じなかった」という発言が反響を呼ぶ。2016年2月、50代の人気女優・山口智子が女性誌のインタビュー[17]で「子どもを産んで育てる人生ではない、別の人生を望んでいました。今でも、一片の後悔もない」と語ったのである。この発言は、複数のメディアに取り上げられた。同年3月に特集を組んだ女性週刊誌は「これをきっかけに〝子なしハラスメント〟が終わるのでは」と期待する40代半ばの女性のコメントを紹介している。[18]記事によると、子どもを持たないことでハラスメントを受けたり圧力を感じたことがある女性からの共感が多かったという。NHKも、同年5月に朝の情報番組でこの話題を取り上げた。司会を務める40代の女性アナウンサー（有働由美子）が「気が狂ったように泣いたり、不妊治療のために病院通いをした」と、子どもを持たないことに苦しんできた心中を吐露し、女優の発言を「よく言ったなと思いました」と称賛した。[19]同年、首相夫人も週刊誌の取材に応じ、選挙区の後援者らから「嫁失格」「ワシが教えにいっちゃる」などと酒席で責められた過去を涙ながらに語っていた。[20]

この時期は、40代以上の女性が子どもを持たなかったことについて語る機運が高まり、初めてそれについて言及する女性が現れた。これらの告白に大きな反響があったことは、子どもを持つ・持たないという選択に関する社会的な関心の強さとさまざまな思いを持つ人の存在を裏づける。少子化により、子どもを持つことが過剰に規範化され、「子なしバッシング」と呼ばれる状況が生まれるなか、子どもを持たない選択を公の場で語ることは、リプロダクティブ・ヘルス／ライツ（性と生殖に関する健康と権利）を阻害する圧力への対抗言説となる。ソーシャルメディアの普及により、誰もが自分の意見を公に発信することが可能となったが、「誰が発言しているか」という部分は重要で、著名人による発言がメディアを通じて拡散され、世論形成に影響を与える効果は、ある程度期待できるだろう。

家族のストーリーが求められる理由

なぜいま家族のストーリーが求められるのか。本書の問いは、結婚・出産など家族形成に関する事柄の「ご報告」ブームやSNSでの家族ネタの人気の高さ、家族をテーマとする映画やドラマの盛り上がりなどの現象に注目するなかで、生まれたものだ。「いま」という部分は、過去との比較による説明を行い、「家族のストーリー」の実態や「求められる」状況については記述してきた。最後に「なぜ」という部分について、まとめを兼ねて整理したい。

周知のとおり、実態としては非婚化、晩婚化が進んでおり、単身世帯が増加中で「家族からの撤退[21]」や「家族の終了[22]」を指摘する声もある。しかし、これらの実態に反し、メディア言説やメディア表象のレベルでは、家族というテーマの存在感は大きく、家族のストーリーに対するコンテンツとしてのニーズも高い。現時点で要因として考えられるものをいくつか示したい。

社会不安やストレスの増大

心理学者マズローの「欲求の5段階説」は、生理的欲求や身の安全の確保、他者とのかかわりや愛情、所属先を求める欲求が低次にあり、これらが満たされると人々は社会的な承認や自己実現といった高次の欲求を求める段階に進むという仮説である。

現代は成熟社会といわれるが、異常気象や自然災害、新型ウイルスなど、予測不可能で生命をおびやかす社会的なリスクが増大している。経済や雇用は不安定で、先行き不透明である。企業や学校には、いじめや「〇〇ハラ」と呼ばれる各種ハラスメントが横行し、他者にダメージを与えようとする者の攻撃をかわすスキルが求められる。詐欺やテロなど、人為的なリスクもある。このように、低次の欲求とされる生命や身の安全すら十分に保障されているとは言い切れない状況だ。

眠ったり、服を脱いで入浴したり、排泄したり……。無防備な姿を見せ合えるのが家族である。いろいろあっても一緒にやっていこう、と永続的な関係性を約束し（結果として一時的になることはあるにせよ）、不安やストレスをやわらげ精神的な支えとなる存在が必要とされ、家族への関心が高まっているのではないだろうか。

職場など〈公〉領域でのストレス要因は、個人の希望や努力で解消することが容易でないものもあり、自分でコントロールすることが可能な〈私〉領域の充実に重きを置く意識につながっている可能性もある。

生き方のモデルへのニーズ

国や文化、時代によって家族のありようは一定でなく、望ましいとされる家族像も変化する。イクメンや女性の活躍推進など、〈公〉〈私〉両領域での活動を充実させることが期待されており、社会の変化に対応しなければならないが、親の世代の生き方やライフスタイルは参考にできない。何が正しいのか、どうすれば幸福に生きられるかを判断し、自分のスタイルをゼロから構築するのは難しい。自身やパートナーの望ましいあり方を探すヒントとして、メディアの中の家族像が参照されていると考えられる。

結婚の「ご報告」は社会的な注目を集めることを期待し、大々的に発表される。良好な関係性を維持するおしどり夫婦は憧れの対象となり、好感度も高いようだ。しかし、離婚の際は、夫婦で共演しているCMの契約が終わった頃、ワイドショーが放映されない年末にひっそりと行われたり、ブログのコメント欄も閉鎖されたりする。どちらも人生の選択のひとつに過ぎないが、離婚したほうが幸せになれるとの判断で離婚に至るカップルの意思を尊重せず結婚にだけ好意的な反応が集まるのは、多様な生き方を認めず他者に不寛容な社会を反映しているといえる。

また、昨今は芸能人が生き方のモデルとして参照され、その評価が人格やプライベートも含めたものになっている。そのため、不倫が激しくバッシングされ、当事者のダメージは甚大なものとなる。先輩女優との間に幼い双子を含む3人の子を持つ俳優は、イクメンという印象を持たれ、不動産、自動車（ファミリーカー）など4社のCMに出演していた。しかし、実際は若い女優と長期にわたる不倫をしており、妻の第3子妊娠中も、妻がワンオペ育児の傍らドラマ出演をしていた時期も不倫中だったとわかった。CM契約はすべて解除され、今後の仕事が危ぶまれるなか、彼は「全てを失った」とコメントしている。不倫相手の女優もドラマ出演を自粛し、専属モデルを務めていたファッション誌から契約を解除された。起用を続けたら不買運動を行うという読者からの苦情が殺到したためといわれている。

芸能人が不倫をしたところで直接影響を受けるのは仕事関係者だけであるが、直接の利害関係もない人々が不倫の当事者を完膚なきまでに叩きのめそうとする動きが起こり、炎上状態となる。出版不況の折、『週刊文春』が不倫報道で部数を伸ばしていることが、不倫問題への社会的な関心の強さを裏づける。筆者も不倫を容認する気はないが、モラルに反した人々に社会的制裁を加え、再起不能に追い込むために注ぎ込まれるエネルギーはどこから来るのか気になっている。

現代社会では「親密圏」[23]を重視し守りたいという人々の意識が強まっていると指摘される。親密圏は、本書が用いている〈私〉領域と重なる部分が多いが、物理的な領域の区分ではなく、愛情や愛着といった情緒的なつながりによる純粋で親密な関係性を想定した概念である。恋愛関係から生まれた絆を永続的に維持することができると想定したロマンティック・ラブ・イデオロギーの支持層が厚いことは、昨今の不倫に対する激しいバッシングやおしどり夫婦の離婚報道に対する白けた反応から想像される。前項で言及した社会不安の高まりという要因にも関連するが、親密な関係性や生活の安定を脅かすリスク要因に対する潜在的な恐怖が、過剰なまでの防衛意識や拒否反応を起こさせるのではないだろうか。

政治的な意図による家族の絆の称揚

たびたびの政治家の炎上発言にも表れるように、少子化を止め、人口を増やしたいとの政治的な期待は大きい。安倍晋三首相の著書『美しい国へ』によると、従来の少子化対策には子どもを育てることや家族を持つことの素晴らしさが抜け落ちていたというのが彼の考えで、「家族・地域の絆再生」プロジェクトチームを立ち上げた動機でもあるという。

家族をもつことはすばらしい、と自然に思えるような気持ちをはぐくんでいくことが大切である。そのためには、家族の価値の大切さを訴えていかなければならないと思っている。

（安倍晋三『美しい国へ』文藝春秋）

家族の日を制定したり、憲法改正案に「家族の助け合い」を盛り込もうとするなど、家族の絆を強化しようとする政策的な取り組みが進んできた背景に、安倍の著書に示される「子どもを産み育てることの損得を超えた価値を忘れてはならない」「『家族のいることのすばらしさ』を教えていく必要がある」という彼の持論が存在する。経済的な理由で子どもを持つことを見合わせることがないように「効果のある経済的な支援」の検討が必要とし、そこから結婚の推奨と婚活支援の必要性に話が飛んでいるが、少子化解決のために家族の素晴らしさを訴えていこうとする意欲が満々であることは、著書で確認できる。

安倍が考える福祉は「最低限度の生活はきちんと国が保証したうえで、あとは個人と民間と地方の裁量でつくりあげてもらう」というもの[24]である。日本はもともと育児や介護などのケアを家族に委ねる体制になっており、国からの支援が薄い。北欧とは人口も異なり、高福祉の体制が作れないというが、高齢者を狙う詐欺を「家族の絆」で食い止めようと呼びかけるなど、犯罪防止まで家族に委ねようとする動きもある。

テロや自然災害の直後など、社会不安が高まっている時期にメディアを通じ「家族の絆」「家族愛」という言葉や表現が多用される傾向は日本以外でも見られる。人々が困難に直面した際、家族を心の支えにして努力で乗り越えることや、支え合う家族のあり方が望ましいとし、「家族の絆」を鼓舞する言説が台頭する。そこには、つながりや安心を求める人々の意識を利用しようという思惑がある。

メディア環境の変化がストーリー化を促進

ネットで動画を配信するインフラが整い、企業のCMに変化が見られる。ネットのみの動画を流したり、テレビCMと併用し、ショートムービー風の長い動画をネットに公開したり、さまざまな活用がされている。テレビの時代には15秒や30秒という短い時間でメッセージを伝えなければならなかったが、ストーリー性のある長いCMも作られるようになった。

アメリカを本拠地とするP＆Gは、国際オリンピック委員会（IOC）とパートナー契約を結び、2012年のロンドン五輪以降、180か国以上の拠点で、"Thank you, Mom" キャンペーンを行っている。2018年の平壌五輪に向け、P＆Gは2017年に出場選手たちの子ども時代と応援する母親の「母と子の絆」を描く動画を公開した。ソーシャルメディアで5600万回視聴されたという。日本の拠点であるP＆Gジャパンは、キャンペーン名を「ママの公式スポンサー」とし、動画 "Thank You, Mom" に「ゆるぎない母の愛」という邦題をつけている。「オリンピック出場選手とその家族の強いつながりを感じることで、改めてご自分の家族やお母さんの大切さに気付いてほしい」とし、オリンピック出場選手とその母のみならず、日本中の母と家族を応援するさまざまな活動を行うという。

グリコは1980年代、男女のアイドルがカップルを演じる恋愛ドラマ風のチョコレートのCMを流していたが、2010年代の中心的なテーマは「家族」である。親子に扮した俳優らによる「ポッキーと、とある家族の物語」という連続ストーリーの動画を配信している。世田谷から海が見える街に引っ越してきた赤井家の3人が登場する「何本分話そうかな」というウェブムービーのシリーズで、父と母の職業や娘の最近の悩みまで設定されている。

既出だが、ハウスの「北海道シチュー」は、婚約中の恋人同士が結婚し主人公が「彼女と共に生き、自分の家族をつくろうと決めた」と語る家族のストーリーを描いている。

アマゾンのCMには、都心から田舎（※筆者が住む市らしい）に移住し、友人のインスタ映え投稿を見て「ここには何もない」とテンションが下がっている妻のために、何か（スイーツの材料?）を取り寄せて励ます夫が登場する。地方叩きではないかと、軽く炎上していた。万人受けは目指さず、あえて賛否両論を狙い、話題化を図っているようにも見える。

井戸端会議の匿名化・バーチャル化

#名画で学ぶ主婦業というハッシュタグが、一時期ツイッターで話題になった。絵画の登

場人物の表情を、家族に振り回されて脱力する様子や家事や育児中の驚き、怒りの場面にあてはめた投稿が「あるある」という共感を呼んでいたという。登場人物がすべて女性なので、家事や育児をワンオペで担う被害者の会ともいえそうだ。このような井戸端会議のバーチャル化の背景に、スマートフォンやソーシャルメディアの普及で家族に関するグチや笑い話をどこかにいる他者と共有できるようになったというメディア環境の変化がある。フォロワー同士の「いいね」などの交換など、しがらみも多少はあるものの、リアルな世界での井戸端会議に比べれば、関心があるネタにだけ食いついて、あとは適当に流すことができ、気が向いたときや時間があるときだけ他の人と交流できるようになっている。匿名アカウントであれば、知り合いには言いにくい夫や姑の悪口などの家族ネタで毒を吐き、盛り上がることも可能だ。

家族への関心の高さがもたらす経済効果

国は少子化解消を期待し、自治体を通じて婚活支援をしているが、そもそも婚活支援が民間ビジネスとして成立するほど、お金を払ってでも家族形成をしたいというニーズがある。

社会的に影響力のある有名人が家族に関する情報を発信することへの関心は高く、そこで発生する経済効果の高さは、家族のストーリーが語られる追い風となっている。

ロイヤルファミリーが身につけた服やロイヤルベビーが使ったおもちゃは飛ぶように売れ、女優やモデルの妊婦ヌードを載せた雑誌は話題となる。生まれる予定の新生児とハリウッド女優が映った家族写真を掲載する権利を高額で買い取る雑誌もある。家族への社会的な関心の高さが、生殖や家族形成に関する情報発信に経済的な価値を与え、イクメンタレントやママタレント、ママモデルなど、「父」「母」という属性を前面に出した芸能活動が成立し、誰もが家族について語るようになった。結婚や出産を「ご報告」すると、ご祝儀の「いいね」でトレンド入りし、知名度や好感度が高まるといった効果もある。

昭和の演歌には「芸のためなら女房も泣かす」という歌詞があったが、平成・令和は「芸のためなら女房も使う」時代だ。鬼嫁との軽いバトル（深刻なものでなく、トムとジェリー的な「仲良くケンカしな」レベル）やおしどり夫婦アピールが主なネタとなっている。バラエティ番組『アメトーーク！』の「嫁を大事にしてる芸人」回（2010年10月）は7人のお笑い芸人が自らの度を越した愛妻家ぶりを面白おかしくトークし合っていた。放映は「イクメンプロジェクト」始動の4か月後で、妻や家族を大切にする男性の生き方の正しさと美しさが規範化され始めた時期である。同番組の出演者のひとりで「愛妻家芸人」とも呼ばれる土田晃之は、結婚を「好きな人が年老いて太ったりシワが増えていく様子を見る権利を自分だけが得ること」と語ったが、これにより女性視聴者からの支持を盤石なものとしたとみられる。土田は不倫や離婚による経済損失（慰謝料、養育費といった支出や仕事の減少）を2億円と見積もり、子どもに会えなくなるデメリットも含め「2億円の価値はない」と浮気を否定した。CMやドラマに出演中の芸能人が不倫騒動を起こすたびに、彼の「経済損失」論が引き合いに出され、背徳行為や思慮の浅さをバッシングする材料として用いられる。いまや、女房を泣かす行為は芸の肥やしどころか、芸を根絶やしにしてしまう時代だ。型破りでなく品行方正な芸人が家族や夫婦への愛を語るほのぼのエピソードが「素敵！」と好まれる。「家族のストーリー」が求められる背景は多層的で、全容を記述することは難しいが、以上のような諸要因が相互に関連し合っていると考えられる。

あとがき

本書は、２０１７年度に提出した博士論文に大幅な加筆・修正を行い、過去の論文や研究ノートから一部を採録し、最新の動向を反映させた書きおろし部分を加え、構成しました。コラムにも少し書きましたが、若い頃は女性向けの雑誌の編集者でした。特定の専門分野を持つ雑誌編集者もいますが、私は最初に配属された雑誌がライフスタイル誌だったので、ファッション誌に異動後、あらゆる社会現象や読者の関心事（恋愛、仕事、健康、お金、芸能……など）を幅広く担当する班に配属されました。編集者としては、こういう「何でも屋」的なキャリアはツブシが利きます。しかし、出産を機に会社を辞めたため、何らかの専門分野を打ち出さないと……という危機感を抱き、経験を無駄にせず専門分野を持つために、世の中全般やメディアを研究の対象とする社会学を学ぶことにしました。

大学院修士課程に入学はしたものの、仕事や子育てをしながら学ぶことはハードで、自分の能力や体力を冷静に判断すべきでしたが、後悔先に立たず、です。社会学部出身ではないため研究方法や論文の書き方もわからず、先生や先輩が話す言葉の意味もわからず、悪戦苦闘しました。そんな状況から気づけば十数年が経ち、保育園児だった娘も大学生になりました。これまでお世話になった多くの方々に、この場を借りてお礼を申し上げます。

まず、立教大学大学院の社会学研究科で指導してくださった成田康昭先生、研究室の先輩方、ありがとうございました。成田先生の「賞味期限の長い研究を目指せ」という言葉は、読み捨てられる雑誌を作ってきた私には衝撃的で、いまだに忘れられません。前職での経験や知識に固執せず、変化が激しい同時代を研究する上で重要な指摘でした。一過性の現象に振り回されず物事の本質を見極めるために、今後もその言葉を念頭に置き続けたいと思っています。研究室の先輩の岡田章子さんには、院生時代から現在に至るまで、研究や仕事上の節目ごとに的確で温かいご助言をいただいてきました。いつも感謝しています。

博士課程ではジェンダーとメディアを領域横断的に研究したいと考え、お茶の水女子大学のジェンダー学際研究専攻に進みました。石井クンツ昌子先生のもとで家族研究のプロジェクトに参加させていただき、地理と歴史のなかで家族の位置づけを考えるようになりました。海外の家族研究の射程の広さや多様な家族の実態を知り、私自身も家族というものへの思い込みから解放され、ラクになれた気がします。「イクメン」というテーマの面白さに気づけたのも石井先生のおかげです。ＩＴ社会の家族を研究するプロジェクトでは牧野カツコ先生にもご指導いただきました。先生方の数多くのサポートに、心からお礼を申し上げます。

博士論文の審査委員を引き受けてくださった藤崎宏子先生、平岡公一先生、小玉亮子先生、斎藤悦子先生には審査会で貴重なコメントをいただきました。ありがとうございました。

石井研の皆さんにも、ゼミや研究会、学会発表から公開審査に向けてのアドバイスや当日の会場設営に至るまで、お世話になりました。福岡空港で買った空弁を食べながら、審査会が迫った研究仲間と共に深夜の院生室で論文修正に励んだことも、懐かしい思い出です。

本文中で言及した父親へのインタビューに関しては、労働政策研究・研修機構の池田心豪さんの調査に参加させていただきました。近畿、東海、九州と全国を訪問し、男性労働者が育児や介護を人生や生活のなかでどう意味付けているかを多くの事例を通じて知ったことが、本書の着想や執筆に大きな影響を与えています。ご協力者の皆様、ありがとうございました。

出版に際し、書肆侃侃房の池田雪さんに編集をお引き受けいただきました。池田さんの迷いのないキッパリとしたコメントとテキパキとした進行に、助けられました。素敵な装丁と本文デザインをしてくださったデザイナーの成原亜美さん、丁寧で正確な仕事をしてくださった門前工房の吉貝和子さんにも、感謝でいっぱいです。

海外への版権確認や英文タイトルのチェックをしてくださった宮下純さんにもたいへんお世話になりました。筑紫女学園大学の皆さんや福岡ソフィア会、福岡立教会の皆さんなど、お世話になった方が多過ぎて網羅できそうにありません。

末筆ながら、これまで見守ってくれた両親、娘、ほぼ家族のTちゃん、いつもありがとう。子どもへのサポートを続けてくれる元夫にも感謝しています。

本書はメディアで語られる「家族のストーリー」を分析しましたが、すべての家族に物語があります。私自身の家族をめぐるストーリーもまだ続きますが、ゴタゴタや不完全さも含め、自分自身と家族に起こるできごとをエンタメとして楽しみ、エンディングに「ああ、面白かった」と思える人生にできればいいなと思います。

橋本嘉代

注釈

まえがき

1 三浦まり, 2015,「新自由主義的母性：『女性の活躍支援』政策の矛盾」『ジェンダー研究』18号, 53-68。

1

1 「安藤サクラ、朝ドラ“子連れ出勤”ＯＫ！制作統括もバックアップ確約」サンスポドットコム, 2018年2月1日。
https://www.sanspo.com/geino/news/20180201/geo18020105040002-n1.html

2 「【芸能考察】次期朝ドラ「まんぷく」撮影開始　働き方改革で俳優にも配慮、子育て中・安藤も感動の現場」産経ニュース, 2019年5月28日。
https://www.sankei.com/west/news/180528/wst1805280056-n1.html

3 「長谷川博己、安藤サクラの娘に“ぺい”と呼ばれる…共演者が語るほのぼのエピソード「あさイチ」」シネマカフェネット, 2019年2月22日。
https://www.cinemacafe.net/article/2019/02/22/60391.html

4 岡野八代, 2007,「フェミニズムにおける公共性『問題』」『立命館法學』6号, 1630-1653。

5 2017年10月～12月期の「Ameba Official Blog Media Guide」（サイバーエージェント アメーバ事業本部作成）による。

6 市川海老蔵オフィシャルブログ「ABKAI」https://ameblo.jp/ebizo-ichikawa/

7 樋口耕一, 2014,『社会調査のための計量テキスト分析：内容分析の継承と発展を目指して』ナカニシヤ出版。

8 伊藤詩織, 2017,『Black Box』文藝春秋を参照。

9 Erikson, E. H., 1959, *Identity and the Life Cycle*, New York: WW. Norton（=1973, 小此木圭吾訳『自我同一性：アイデンティティとライフ・サイクル』誠信書房）.

10 Butler, J., 1990, *Gender Trouble: Feminism and the Subversion of Identity*, New York: Routledge（=1999, 竹村和子訳,『ジェンダー・トラブル：フェミニズムとアイデンティティの攪乱』青土社）,
du Gay P., Hall,S., Janes,L., Mackay, H., and Negus,K., 1997, *Doing Cultural Studies- The Story of Sony Walkman,* London: Sage（= 2000, 暮沢剛巳訳,『実践カルチュラル・スタディーズ：ソニー・ウォークマンの戦略』大修館書店）,
du Gay P., Hall,S., Janes,L., Mackay, H., and Negus,K., 2013, *Doing Cultural Studies- The Story of Sony Walkman, Second Edition*, London: Sage,
Bauman, Z., 2004, *Identity: Conversation with Benedetto Vecchi,* Cambridge: Polity Press（=2007, 伊藤茂訳,『アイデンティティ』日本経済評論社）.

上野千鶴子, 2005,「脱アイデンティティの理論」上野千鶴子編『脱アイデンティティ』勁草書房. 1-41。

11 Beck,U., Giddens. A. and Lash, S., 1994, *Reflexive Modernization: Politics, Tradition and Aesthetics in the Modern Social Order,* Cambridge: Polity Press (=1997, 松尾精文・小幡正敏・叶堂隆三訳『再帰的近代化：近現代における政治、伝統、美的原理』而立書房).

12 Bauman, Z., 2004, *Identity: Conversation with Benedetto Vecchi,* Cambridge: Polity Press(=2007, 伊藤茂訳,『アイデンティティ』日本経済評論社).

13 たとえばルース・ベネディクトの『菊と刀』(1946年)。

14 日本人の国民性調査 (統計数理研究所)。
https://www.ism.ac.jp/kokuminsei/table/

15 統数研プロジェクト紹介　第1回「日本人の国民性調査」。
https://www.ism.ac.jp/ism_info_j/labo/project/128.html

16 「男女共同参画社会に関する世論調査」(平成19・21・24・28年)。

2

1 牟田和恵, 2019,「「宇崎ちゃん」献血ポスターはなぜ問題か…「女性差別」から考える」現代ビジネス, 2019年11月2日。
https://gendai.ismedia.jp/articles/-/68185

2 「北京宣言及び行動綱領実施のための更なる行動とイニシアティブ」(国連特別総会「女性2000年会議」のアドホック全体会合に関する報告書＜2000年9月公表＞から)。

3 衣輪晋一, 2019,「狙いは“洗濯男子”？　衣料用洗剤CMの変遷に見る男性タレントの起用理由」, ORICON NEWS, 2019年5月31日。
https://www.oricon.co.jp/special/53088/

4 ペリー荻野, 2019,「菅田、二宮、生田…洗濯洗剤CMに男性タレント急増、その狙い」, NEWSポストセブン, 2019年6月26日。
https://www.news-postseven.com/archives/20190626_1399178.html

5 ペリー荻野, 2019,「田中圭、西島秀俊らイケメンがシチューや鍋CMに起用続く理由」, NEWSポストセブン, 2019年10月25日。
https://www.news-postseven.com/archives/20191025_1473088.html

6 日本雑誌協会が公表している加盟誌の印刷証明付き印刷部数(2019年7～9月)で、30万部以上の雑誌(マンガ誌を除く)は『文藝春秋』『週刊ポスト』『週刊現代』『週刊新潮』『週刊文春』『女性セブン』『女性自身』『ハルメク』『オレンジページ』『家の光』のみである。

7 『週刊現代』1988年12月24日号「'88年の主役30人「天国と地獄」(7)「紅白」落選した"湖衣姫"南野陽子と、好感度No.1の"子持ち"浅野温子の「私生活」」。
8 『週刊女性』1995年8月1日号「私の"赤っ恥""青っ恥"！ 城下尊之 遊んでて逃した浅野温子の結婚スクープ」。
9 『Como』『マイ・フォーティーズ』『ESSE』『清流』など。
10 扶桑社『ESSE』2001年12月号。
11 石黒万里子, 2004,「『子ども中心主義』のパラドックス」天童睦子編『育児戦略の社会学：育児雑誌の変容と再生産』世界思想社. 105-133。
12 高橋均, 2004,「戦略としてのヴォイスとその可能性——父親の育児参加をめぐって」天童睦子編『育児戦略の社会学：育児雑誌の変容と再生産』世界思想社. 176-200。
13 『Como』『ESSE』『女性セブン』『女性自身』。
14 『STORY』『CREA』『ミセス』『an・an』『saita』『サンキュ！』など。
15 『ちいさい・おおきい・よわい・つよい』2008年2月号。
16 『saita』2010年1月号。
17 落合恵美子, 2000,『近代家族の曲がり角』角川書店。
18 Williams, J. C., 2010, *Reshaping the Work-Family Debate: Why Men and Class Matter:* Cambridge, Harvard University Press.
19 Matchar, E., 2013, *Homeward Bound*: *Why Women Are Embracing the New Domesticity,* New York: Simon and Schuster (＝2014, 森嶋マリ訳,『ハウスワイフ2.0』文藝春秋).

3

1 木俣冬, 2017,『みんなの朝ドラ』講談社、指南役, 2017,『「朝ドラ」一人勝ちの法則』光文社、矢部万紀子, 2018,『朝ドラには働く女子の本音が詰まってる』筑摩書房など。
2 二瓶亙・関口聰, 2016,「最近好調な「朝ドラ」を、視聴者はどのように見ているか？」NHK放送文化研究所『放送研究と調査』66巻3号, 14-42。
3 Tropp Laura & Janice Kelly(Ed), *Deconstructing Dads: Changing Images of Fathers in Popular Culture*, [Kindle for PC], Retrieved from Amazon.com.
書名の日本語訳は筆者。
4 Hamad, H., 2013, *Postfeminism and Paternity in Contemporary US Film: Framing Fatherhood* (Routledge Advances in Film Studies), London: Routledge.
書名の日本語訳は筆者。
5 Robertson J. and Suzuki, N., Eds, 2002, *Men and Masculinities in Contemporary Japan : Dislocating the Salaryman Doxa*, London: Routledge Curzonなど。

6　日本人俳優が表紙に登場した2回を除く。
7　オバマ大統領、トム・クルーズ、ブラッド・ピット、ジョニー・デップ、ブルース・ウイリス、デヴィッド・ベッカム、ネイマールなど。
8　坂本佳鶴恵, 2000,「消費社会の政治学 1970年代女性雑誌の分析をつうじて」宮島喬編『講座社会学 7 文化』東京大学出版会, 93-121。
9　Douglas, S.J, and Michaels, M.W., 2004, *The Mommy Myth: The Idealization of Motherhood and How It Has Undermined Women*, New York: Free Press.

4

1　Badinter, E., 1980, *Histoire de l'amour maternel*, Paris: Flammarion(=1991, 鈴木晶訳,『母性という神話』, 筑摩書房).
2　La Rossa, Ralph, 1997, *The Modernization of Fatherhood: A Social and Political History*, Chicago: University of Chicago Press.
3　Hamad, H., 2013, *Postfeminism and Paternity in Contemporary US Film: Framing Fatherhood (Routledge Advances in Film Studies)*, London: Routledge.
4　橋本嘉代, 2011,「女性雑誌にみられる「働くこと」の意味づけの変容」『人間文化創成科学論叢』13巻, 339-347。
5　自由民主党 憲法改正推進本部, 2012,「日本国憲法改正草案」2012年4月27日。https://jimin.jp-east-2.storage.api.nifcloud.com/pdf/news/policy/130250_1.pdf
6　平成26年 経済財政諮問会議「選択する未来」委員会 地域の未来ワーキング・グループ　第4回会議　配布資料「ストップ少子化・地方元気戦略」(要約版)。
7　『新潮45』2018年8月号「『LGBT』支援の度が過ぎる」。
8　LaRossa, R., 1997, *The Modernization of Fatherhood: A Social and Political History*, Chicago: University of Chicago Press.
小玉亮子, 1999,「母の日のポリティクス—その成立と普及についての比較史的検討」藤田英典ほか編『教育学年報』7巻「ジェンダーと教育」243-266。
小玉亮子, 2006,「母の日をめぐる近代家族のポリティクス――二つの理想のはざまで」金井淑子編『ファミリー・トラブル：近代家族／ジェンダーのゆくえ』明石書店, 119-136。
小玉亮子, 2007,「父の日の政治的挫折と復活――アメリカ合衆国議会で承認されるまで」小玉亮子編『現在と性をめぐる９つの試論――言語・社会・文学からのアプローチ』春風社, 95-123。
9　田間泰子, 2015,「少子化と戦後日本の家族」岩間暁子・大和礼子・田間泰子『問いからはじめる家族社会学：多様化する家族の包摂に向けて』有斐閣, 140-147。

10 岩間暁子, 2015,「「家族」を読み解くために」岩間暁子・大和礼子・田間泰子『問いからはじめる家族社会学：多様化する家族の包摂に向けて』有斐閣, 1-23。

11 Donzelot, J., 1977, *La police des familles, postface de Gilles Deleuze,* Paris: Éditions de Minuit（=1991, 宇波彰訳『家族に介入する社会――近代家族と国家の管理装置』新曜社）.

12 Peberdy, Donna.,2011, *Masculinity and Film Performance: Male Angst in Contemporary American Cinema,* London: Palgrave Macmillan.

13 AFPBB News, 2008,「＜08米大統領選挙＞オバマ氏が父の日のスピーチ、「父親の最高の贈り物は希望」2008年06月16日。
http://www.afpbb.com/articles/-/2406138

14 Dan P. McAdams, 2017, *The Appeal of the Primal Leader: Human Evolution and Donald J. Trump,* Evolutionary Studies in Imaginative Culture , Vol. 1, No. 2 (Fall 2017), pp. 1-13, Academic Studies Press.

15 小玉亮子, 2010,「＜教育と家族＞研究の展開：――近代的子ども観・近代家族・近代教育の再考を軸として――」『家族社会学研究』22巻2号, 154-164。

16 守泉理恵, 2015,「日本における少子化対策の展開：エンゼルプランから子ども・子育てビジョンまで」高橋重郷・大淵寛編『人口減少と少子化対策』原書房, 27-48。

17 いくじれんホームページ「育児をしない男を父とは呼ばない」キャンペーンを超えて
http://www.eqg.org/project/eqg613.html 2019年12月10日取得。

18 石井クンツ昌子, 2013,『「育メン」現象の社会学』ミネルヴァ書房。

19 多賀太, 2011,『揺らぐサラリーマン生活――仕事と家庭のはざまで』ミネルヴァ書房。

20 サイバーエージェント, 2017, Ameba Official Blog Media Guide 2017. 10-12, 2020年2月18日取得。
http://stat100.ameba.jp/ad/mediaguide/2017_10-12/2017_10-12_Official-Blogger.pdf

21 「皇城の人びと総括編　十三年目の美智子妃殿下」『女性自身』638号（1972年1月1日・8日合併号）。

5

1 du Gay P., Hall,S., Janes,L., Mackay, H., and Negus,K., 1997, *Doing Cultural Studies- The Story of Sony Walkman,* London:Sage（= 2000, 暮沢剛巳訳,『実践カルチュラル・スタディーズ：ソニー・ウォークマンの戦略』大修館書店.

2 2017年3月1日の参院予算委員会で、森友学園に関する質問を受けた首相が「妻は私人」と発言。

3 大沢真理, 2007,『現代日本の生活保障システム』岩波書店。
4 小学館『精選版 日本国語大辞典』。
5 内閣府・男女共同参画推進本部による。
6 カトリック信者は、親愛の情を込めてローマ教皇をパパと呼ぶ。
7 Hochschild, A.R., 1989, *The Second Shift*, New York: Avon Books(=1990, 田中和子訳『セカンド・シフト』朝日新聞社). その後の社会情勢を反映し、2012年に刊行された改訂版の副題はWorking Families and the Revolution at Home. 共働き夫婦の家庭生活の変化を「革命」と表現していることに注目したい。
8 International Social Survey Programme, 2012, “Family and Changing Gender Roles IV”.
https://www.gesis.org/issp/modules/issp-modules-by-topic/family-and-changing- gender-roles/2012
9 国立社会保障・人口問題研究所「第6回全国家庭動向調査」(2018年実施)。
10 佐光紀子, 2017,『「家事のしすぎ」が日本を滅ぼす』光文社。
11 労働政策研究・研修機構, 2014, 資料シリーズ No.136「父親の働き方と家庭生活—ヒアリング調査結果報告—」。
12 山田昌弘, 1994,『近代家族のゆくえ』新曜社。
13 「我が家はステップファミリー」https://ameblo.jp/neko--oyaji/
14 木戸功, 2010,『概念としての家族』新泉社。
15 筒井淳也, 2016,『結婚と家族のこれから：共働き社会の限界』光文社。
16 柏木恵子, 2001,『子どもという価値』中央公論新社。
17 講談社『FRaU』2016年3月号「山口智子1万字インタビュー」。
18 小学館『女性セブン』2016年3月10日号。
19 NHK「あさイチ」(2016年5月18日)の司会者・有働由美子アナウンサーの発言。
20 朝日新聞社『AERA』2016年8月8日号「単独インタビュー　首相夫人・安倍昭恵さんが語った『子どもを持たない人生』。
21 筒井淳也, 2016,『結婚と家族のこれから：共働き社会の限界』光文社。
22 酒井順子, 2019,『家族終了』集英社。
23 Giddens, A., 1992, *The Transformation of Intimacy:Sexuality, Love & Eroticism in Modern Societies*, Cambridge: Polity Press(=1995, 松尾精文・松川昭子訳,『親密性の変容:近代社会におけるセクシュアリティ、愛情、エロティシズム』而立書房).
24 安倍晋三, 2006,『美しい国へ』文藝春秋。

初出一覧　＊すべて加筆修正あり

1

- 「公私混同」の意味が変わった、進次郎＆クリステル婚が象徴する「私ごと」の劇場化
  …… 書きおろし
- ソーシャルメディアの普及と「ご報告」ブーム、家族を語る行為を支えるもの、「家族が大切」という意識の高まり
  ……「現代日本における望ましい父親像の構築―雑誌・ソーシャルメディアの〈父〉言説の形成と受容―」お茶の水女子大学 平成29年度 博士学位論文（2018年3月）

2

- 家事とＣＭと男と女、ぼく作る人＆洗う人―料理男子、洗濯男子の登場
  …… 書きおろし
- パパブログにみる「親バカ」文化の隆盛、誰が「父」として語っているか
  ……「現代日本における望ましい父親像の構築―雑誌・ソーシャルメディアの〈父〉言説の形成と受容―」お茶の水女子大学 平成29年度 博士学位論文（2018年3月）
- 「ママだけど……」という役割規範への抵抗
  ……「女性雑誌にみられる『働くこと』の意味づけの変容」『人間文化創成科学論叢』13号（2011年3月）、「現代の母親向けの新雑誌にみるロールモデル ―“ワーク”と“ライフ”の描かれ方に注目して―」『出版研究』45号（2015年3月）

3

- 家族を問い直すメディア作品への社会的な注目
  …… 書きおろし
- ハリウッド映画の新旧のヒーロー、「ご報告」に反映された、父としてのあり方
  ……「現代日本における望ましい父親像の構築―雑誌・ソーシャルメディアの〈父〉言説の形成と受容―」お茶の水女子大学 平成29年度 博士学位論文（2018年3月）
- 「父」を語る欧米文化の輸入
  ……「育児期の男性を対象とする雑誌における新たな父親像の商品化」『生活社会科学研究』19号（2012年11月）

4

・家族に関する政策とメディアの連動、国家的リスクと「家族の絆」言説の強化、「イクメン」ブームを支えたもの

……「現代日本における望ましい父親像の構築—雑誌・ソーシャルメディアの〈父〉言説の形成と受容—」お茶の水女子大学 平成29年度 博士学位論文（2018年3月）

・レジャーの流行と家族の休日の関係

…… 書きおろし

5

・浸食し合う〈公〉〈私〉の境界線、「家族の絆」言説の過熱化とその弊害、家族のストーリーが求められる理由

…… 書きおろし

・家事や育児は押し付け合うものなのか

……「父親としての意識と理想像の追求が男性の働き方と家庭内外に及ぼす影響」独立行政法人労働政策研究・研修機構 労働政策研究報告書No.192『育児・介護と職業キャリア—女性活躍と男性の家庭生活—』（2017年3月）

本書は、筑紫女学園大学から平成31年度学術出版助成費の交付を受け、刊行しました。

橋本嘉代（はしもと・かよ）
筑紫女学園大学現代社会学部准教授。
1969年、長崎県佐世保市生まれ。上智大学文学部新聞学科を卒業後、集英社に入社。女性誌編集に携わる。退職後、ウェブマガジンのプロデューサーやフリー編集者などを経て、2014年から大学教員に。立教大学大学院で修士号（社会学）、お茶の水女子大学大学院で博士号（社会科学）を取得。専門はメディアとジェンダー。
共著に『雑誌メディアの文化史——変貌する戦後パラダイム』（森話社、2012）など。

なぜいま家族のストーリーが求められるのか
「公私混同」の時代

2020年3月24日　第1刷発行

著者　橋本嘉代
発行者　田島安江
発行所　株式会社 書肆侃侃房（しょしかんかんぼう）
〒810-0041 福岡市中央区大名2-8-18-501
TEL 092-735-2802　FAX 092-735-2792
http://www.kankanbou.com
info@kankanbou.com

編集　池田雪（書肆侃侃房）
装丁・本文デザイン　成原亜美（書肆侃侃房）
DTP　門前工房
印刷・製本　亜細亜印刷株式会社

ISBN978-4-86385-394-2　C0036